暨南文库·新闻传播学
JINAN Series in Journalism & Communication

编 委 会

暨南文库·新闻传播学 **1**

JINAN Series in Journalism & Communication

变革与创新
中国报业转型的市场逻辑

张晋升　著

暨南大学出版社
JINAN UNIVERSITY PRESS

中国·广州

图书在版编目（CIP）数据

变革与创新：中国报业转型的市场逻辑/张晋升著. —广州：暨南大学出版社，2019.12

（暨南文库. 新闻传播学）

ISBN 978 - 7 - 5668 - 2823 - 1

Ⅰ.①变…　Ⅱ.①张…　Ⅲ.①报业—产业发展—研究—中国　Ⅳ.①G219.2

中国版本图书馆 CIP 数据核字（2019）第 273000 号

变革与创新——中国报业转型的市场逻辑
BIANGE YU CHUANGXIN——ZHONGGUO BAOYE ZHUANXING DE SHICHANG LUOJI

著　者：张晋升

出 版 人：徐义雄
项目统筹：黄圣英
责任编辑：黄　斯
责任校对：黄　颖　陈皓琳
责任印制：汤慧君　周一丹

出版发行：暨南大学出版社（510630）
电　　话：总编室（8620）85221601
　　　　　营销部（8620）85225284　85228291　85228292（邮购）
传　　真：（8620）85221583（办公室）　85223774（营销部）
网　　址：http://www.jnupress.com
排　　版：广州尚文数码科技有限公司
印　　刷：广州市快美印务有限公司
开　　本：787mm×1092mm　1/16
印　　张：12.5
字　　数：220 千
版　　次：2019 年 12 月第 1 版
印　　次：2019 年 12 月第 1 次
定　　价：49.00 元

总　序

…　…

　　如果从口语传播追溯起，新闻传播的历史至少与人类的历史一样久远。古人"尝恨天下无书以广新闻"，这大约是中国新闻传播活动走向制度化的一次比较早的觉醒。

　　消息、传闻、故事、新闻、报道，乃至愈来愈切近的信息、传播、大数据，它们或者与人们的生活特别相关、比较相关、不那么相关、一点也不相干，或者被视为一道道桥上的风景、一缕缕窗边的闲情抑或一粒粒天际的尘埃，转眼消失在风里。微观地看，除了极少数的场景外，新闻多一点还是少一点，未必会造成实质性的差别；本质地看，人类作为社会性的动物，莫不以社会交往，包括新闻传播的存在和丰富化为前提。

　　这也恰好是新闻传播生存样态的一种写照——人人心中有，大多笔下无。它的作用机制和内在规律究竟为何，它的边界究竟如何界定，每每人见人殊。要而言之，新闻传播学界其实永远不乏至为坚定、至为执着的务求寻根问底的一群人。

　　因此人们经常欣喜于新闻传播学啼声的清脆、交流的隽永，以及辩驳诘难的偶尔露峥嵘。重要的也许不是发现本身，而是有越来越多的研究者参与其中，或披荆斩棘，或整理修葺。走的人多了，便有了豁然开朗。倘若去粗取精，总会雁过留声；倘若去伪存真，总会人过留名。

　　走的人多了，我们就要成为真正的学术共同体，不囿于门户之见，又不息于学术的竞争。走的人多了，我们也要不避于小心地求证、深邃地思考，学而不思则罔。走的人多了，我们还要努力站在前人、今人的肩膀上，站得更高一些，看得更远一些。

　　这里的"我们"，所指的首先是暨南大学的新闻传播学人。自 1946 年起，创系先贤、中国第一位新闻学博士、毕业于德国慕尼黑大学的冯列山先生，以及上海《新闻报》总经理詹文浒先生等以启山林，至今弦歌不辍。求学问道的同好相互砥砺，相互激发，始有本文库的问世。

"我们"，也是沧海之一粟。小我终究要融入大我，我们的心血结晶不仅要接受全国同一学科学术共同体的检验，还要接受来自新闻、视听、广告、舆情、公共传播、跨文化传播等领域的更多读者的批评。重要的不完全是结果，更多的是过程。在这一过程中我们特别关注以下剖面：

第一，特定经验与全球视野的结合。文库的选题有时是从一斑窥起，主要目标仍然是研究中国全豹，当然，我们也偶或关注印度豹、非洲豹和美洲豹。在全球化时代，我们的研究总体会自觉不自觉地增添一些国际元素。

第二，理论思辨与贴近现实的结合。犹太谚语云"人类一思考，上帝就发笑"，或许指的是人力有时而穷，另外一种解释是万一我们脱离现实太远，也有可能会堕入五里雾中。理论联系实际，不仅是哲学的或革命的词句，也是科学的进路。

第三，新闻传播与科学技术的结合。作为一个极具公共性的学术领域，新闻传播的工具属于拿来主义的为多。而今，更是越来越频繁地跨界，直指5G、云计算、人工智能等自然科学的地盘。虽然并非试图攻城拔寨，但是新兴媒体始终是交叉学科的前沿地带之一。

归根结底，伟大的时代是投鞭击鼓的出卷人，我们是新闻传播学某一个年级某一个班级的以勤补拙的答卷人，广大的同行们、读者们是挑剔犀利的阅卷人。我们期望更多的人加入我们，我们期望为知识的积累和进步贡献绵薄的力量，我们期望不辜负于这一前所未有的气势磅礴的新时代！

编委会

2019 年 12 月

序 言

……

　　进入 20 世纪 90 年代以来，我国经济领域发生的从计划经济到市场经济的结构性转型，对社会发展各个方面产生了巨大的影响。作为一种主要社会机制的新闻媒体也在这一变革过程中获得了空前的发展活力，媒体发展的政策支撑趋强、社会对广告和信息的需求增量、技术进步成为媒介扩容的平台基础、公众文化素养的普遍提高导致受众群体的扩大，使媒体从传播观念、体制、机制到传播内容、方式、手段等多方面发生了日新月异的变化，体现出与经济社会发展相互适应、相互影响的互动态势。

　　作为新闻媒体中的主力军，报业的变革在中国新闻媒体发展史上具有里程碑的意义。这场变革发端于观念创新，涵盖了机制创新、战略创新、技术创新、产品创新和营销创新等五大方向，涉及流程再造、形态创新、渠道变革、终端突破、品牌延伸以及跨界融合等多个业务领域，形成了传媒集团立足本地、区域渗透、跨区域扩张、产业链对接、融合发展等方面的全方位改革格局。

　　与中国改革开放的总体趋势相适应，观念变革始终是推动经济社会发展的原动力。如果说 1978 年"真理标准大讨论"为改革开放厘清了总体的发展基调，那么从 20 世纪 80 年代新闻界提出的"新闻工作必须遵循新闻活动的规律"的观念回归，则为新闻改革奠定了坚实的思想基础。之后"读者需要论"的出现，造就了报纸要面向市场、贴近生活、服务群众的价值导向；信息传播观念的倡导，又推动了报业结构的改变、深度报道的兴起以及"不拘一格选头条"等新闻报道模式的变革；1992 年邓小平南方讲话带来的思想解放浪潮，冲破了中国发展道路上"姓社"和"姓资"的藩篱，成为改革开放深化的转折点，也成为报业变革与创新过程中贯彻始终的主线，催生了广州、北京、成都、西安等中心城市报业繁华似锦、百舸争流的局面；1996 年中国第一家报业集团的成立，标志着中国报业步入战略转型的新的发展阶段，在报业规模扩张的同时，报业发展更加注重差异化定位、品牌化经营，通过打造自身的核心竞争力来赢得市场；进入 21 世纪，互联网技术普及给报业市场带来了巨大的冲击，转型融合成为报业应对新形势、新问题、新挑战的主题；2010 年之后，微博、微信快速迭代，不仅带来了读者信息消费习惯的变化，也带来了传播关系的革命，传播主体多元化、传播内容生产社会化、传播渠道社交化、传播平台的移动化成为趋势，加之短视频、网络直播等新的传播形态后来居上，一定程度上增加了报业经营管理的难度，如何适应新环境、推动报业的形态和语态创新成为报业变革的重要内容。

战略管理是报业发展适应外界环境变化的产物，从中国报业的发展历程来看，1978 年《人民日报》提出的"事业单位，企业化管理"旨在回归报纸的商品属性，扩版、改版旨在满足信息量增加的社会需要，形态、语态的创新在于提升新闻产品的质量和竞争力，营销创新在于实现社会效益和经济效益的最大化，而战略管理则是从规模化经营的视角对报业发展做出的顶层设计，也体现出报纸发展步入新阶段的经营意识和全局观念的成熟。其中值得一提的是，南方报业传媒集团提出的多品牌战略、差异化战略，打造出中国报业品牌的矩阵，而跨区域战略则催生了全国首家成功在异地办报的《新京报》；广州日报报业集团、羊城晚报报业集团、浙江日报报业集团提出的多元化战略，体现了报业经营产业延伸的长远布局；大众日报报业集团提出的集中化、低成本扩张战略，形成了省报和地市报一体化发展的格局……战略创新的确给中国报业做大做强带来了富有想象力的可能性空间。但是面对新兴媒体的冲击，报业战略的制定和实施过程中的市场风险问题也逐步凸显出来，大而不强、散而不聚、后劲不足日益成为制约报业集团发展的突出问题。

内容创新在中国报业的发展历程中，始终是报业打造自身竞争力的基石，也是报纸强化其产品属性的重要抓手。报纸的内容创新不是孤立的演变过程，它浸染着时代观念的多方面变化，并通过新闻业务形态的更新与变革，成为中国报业改革的缩影。报纸的内容创新有着深刻的市场背景：其一，内容生产的理念和重点发生了变化。过去的新闻报道强调新闻内容的指导性，以动态性报道、经验性报道或典型性报道为主。随着报业市场化程度的提高，让新闻内容更符合读者的需要，更注重拓宽事件的关联度，挖掘事件的新闻价值，实现新闻信息的延伸和社会意义的深化，成为实现新闻报道价值的首要任务。其二，读者对新闻内容评价标准的变化。读者更关心报纸能否在重大政治经济会议、重大的时间节点、重大突发事件现场具有显示度和标志性的表现，这种创新突出体现在全国"两会"、汶川大地震报道以及十八大以来报纸内容创新的各个方面，这些报道体现出的传播理念和方法论的创新，让读者深刻感受到了"在这里读懂中国"的价值。

形态创新是报纸保持常新常变的动力源泉。20世纪90年代以来，为了适应读者不断增长的信息需求，新闻报道形态日渐丰富，体现在从社会新闻、时政新闻、娱乐新闻、财经新闻、体育新闻等专业报道形态的兴盛，到典型报道、深度报道、公共新闻报道和主题报道的报道样式的创新。值得一提的是，《广州日报》推出的"第一纸"和"身边纸"，其实践趋向于以形态创新拓展报纸品牌的增值空间，成为报纸从"厚报"到"薄报"转型的标识。而《南方都市报》城市新闻的文本变革则显示出适应用户思维的社会价值和市场价值。与此同时，融合与跨界的用户驱动，催生了报纸多样的报道形态，从微图到视频新闻，从可视化的融合新闻到网络直播，从PC客户端到移动客户端，从报网并重到移动优先，在拓展报纸传播边界的同时，也不断地丰富和改变着报纸新闻的呈现形态。

注重内容创新和形态创新，是报纸产品实现其新闻价值和社会价值的内在变革，而市场竞争的外在压力，则成为报纸为实现其价值最大化进行营销变革的动力，而营销变革的广度、深度和效度也成为检验报纸传播力、影响力的重要标尺。中国报纸的营销创新，源于自办发行的渠道变革，始有20世纪80年代《洛阳日报》的试水，再有《广州日报》借鉴国外经验的"洗楼"订报、报摊零售和专卖店的拓展。《广州日报》营销变革的"鲶鱼效应"，直接造成了广州报业"三国演义"的同城竞争效应。随着营销理念的系统引入，报业经营管理的大局观、整体观明显提升，报纸营销日益体现出专业化、系统化、多元化的特点，报纸越来越注重市场的需求和反馈，充分认识到明确市场细分、优化市场定位、锁定目标读者的必要性。特别值得一提的是，报业市场营销变革的热度，培育了一批报纸营销的专业高手，并一度引爆各大报为创造报纸发行和广告营销神话的人才竞争，一些报纸还跨界从擅长产品营销的制造业引进优秀营销人才。2005年之后，新媒体的快速崛起引发的"报业拐点"论，不仅影响到报业市场份额的下滑，对报纸营销的冲击更为明显，形式多样的线下品牌营销活动魅力不再。2010年之后，数字营销的兴起颠覆了传统的客户关系，也重构了市场营销的逻辑，体现出与市场环境、用户需求、传播平台以及客户端进步相适应的趋势。值得一提的是，强调企业社会责任的社会营销逐渐成为媒体的共识，更多的媒体通过强化社会服务，开展旨在实现利益共享的互动营销，而兼顾线上线下的整合营销传播也成为一种新的营销趋势。

就中国报业的发展来讲，体制决定机制，机制决定活力，活力决定效益。机制创新的目的在于优化报业机构各组成部分之间、各生产经营要素之间的组合，提高新闻内容生产、市场营销和品牌经营的效率与效益，进而为提升报纸核心竞争力提供结构性支撑。20世纪90年代以来，报纸在快速扩张的发展过程中，问题逐渐呈现：报纸由少到多的问题解决了，从有到优的转化还不充分；报纸发行面临从"皇帝女儿不愁嫁"到"酒香也怕巷子深"的增长乏力的难题；如何提高报纸采编的质量，如何实现报纸社会效益和经济效益的最大化，成为报业机制改革的内外部动力因素。伴随着报纸采编机制、报刊发行机制、广告营销机制以及行政管理机制改革的渐次推进，编辑中心制、自办发行制、广告代理制、采编经营分开制应运而生，并在提升报业的竞争力方面发挥了重要的作用。2010年的微博和2015年的微信在媒体应用领域的拓展，加大了报业机制改革的步伐，面对媒体格局的深刻调整和传播方式的重大变化，越来越多的报业积极调整发展思路。通过转型融合不断提升内容生产能力和渠道传播能力，巩固壮大主流舆论阵地，有效发挥报纸的引导力、传播力和影响力成为报业机制改革的主旋律。

中国报业的发展是不断面对新挑战、把握新机遇的创新过程，在舆论生态、媒体格局、传播方式发生巨变的当下，如何适应分众化、差异化的传播趋势，不仅需要对市场逻辑的把握，更需要在报业的经营管理中具备大视野、大格局、大担当、大谋略，既要有面对新问题的勇气，也要有解决新问题的能力。中国报业变革创新的历程告诉我们：历史的经验未必管用，但以变应变的创新精神始终有效。

张晋升

2019年12月

理论探索篇

…… ……

观念嬗变中的广东报业实践

党的十一届三中全会以来，以思想解放为先导的经济体制改革促进了传统的计划经济向适应时代发展的市场经济转变，为国家和社会各项事业的发展注入了生机和活力。作为时代发展的忠实记录者和改革开放的重要推动力量，新闻事业也在这种互动的态势中不断深化改革，适应社会和受众的需要，社会影响力日益扩大，成为社会经济发展中的重要产业。在领改革开放风气之先的广东，新闻事业的发展同样走在全国前列。

到 1997 年，广东省拥有全国公开发行的报纸 130 多种，较 1979 年增长 16 倍，报纸数量、发行量和总印张都仅次于中央级报纸而位居全国各省市榜首。其中《南方日报》发行量连续 13 年居全国省级机关报之首，其子报《南方周末》也连续 6 年发行超过 100 万份；《羊城晚报》连续 18 年发行超百万份，达到目前的 130 万份；《广州日报》也不断拓宽市场，发行量首次突破 120 万份。深圳的《深圳特区报》《深圳商报》《证券时报》《投资导报》以及广州的经济类报纸《粤港信息日报》《信息日报》等也在全国同类报纸的发行中名列前茅。在报业经济突飞猛进的同时，广东报业的广告收入逐年大幅增加。在全国报业广告收入排行榜上，广东有四家报社进入前 10 名，五家报社的广告营业额超过 2 亿元，其中《广州日报》《羊城晚报》《深圳特区报》位居前五名。从 1996 年开始，《广州日报》《南方日报》和《羊城晚报》三大报相继成立报业集团，标志着广东报业步入规模经营的发展快车道。目前，这三大报业集团共拥有二十报两刊，期发总量超过 700 万份，三大报的广告营业额占到全国报纸广告营业额 96.8 亿元的 85%。改革开放 20 年，广东报业之所以能出现现在这种百舸争流、繁花似锦的局面，其思想观念上敢想、想闯、敢创的超前意识是报业改革和发展过程中贯彻始终的主线，也是报业繁荣的直接动因。

一、广东报业发展中新闻观念的嬗变轨迹

改革开放 20 年来，广东报业在党的基本路线的指引下，经历了由浅入深、

由表及里的改革历程，以观念的更新为标志，广东报业改革大致可以分为以下四个重要阶段：

第一阶段，党的十一届三中全会以后的拨乱反正时期，广东报业以《羊城晚报》的复刊为契机，重新确定"新闻工作必须遵循新闻活动的规律"的观念，肯定"读者需要论"的合理性，促使报纸面向市场、贴近生活。复刊后的《羊城晚报》，内容贴近百姓，版式新颖活泼，给当时的广东报界带来了不小的冲击，一时"羊城纸贵"，它以市场的力量推动了广东报业逐步走向市场。

第二阶段，随着广东改革开放的不断深入，20世纪80年代初引入的传播信息观念在广东报业得到普遍的认同和大胆的实践，引发了广东报业的巨大变化。首先是媒介结构的改变。一批以提供经济信息为主的报纸，如《粤港信息报》《证券时报》《信息日报》《经济快报》等纷纷创办，打破了过去机关报一枝独秀的沉闷局面。而《南方周末》《足球报》等知识休闲娱乐报纸的面世，更体现了媒介为满足读者日益增长的多样化的兴趣和需求进行的尝试。其次是媒介内容构成的变化。纯信息的新闻逐步在各大报占据重要位置，从而大大拓宽了新闻报道面。最后是新闻报道模式的改变。在这方面，《南方日报》《羊城晚报》的头条新闻改革比较突出，不拘一格选头条，把信息量大、具有重大新闻价值、贴近生活、贴近读者的新闻放在突出版面和重要位置。

第三阶段，邓小平同志南方讲话和党的十四大的召开，确定我国要建立社会主义市场经济体制，新闻界也结合自身的实际重新对报业的归属进行思考，认识到社会主义新闻事业一方面作为党和政府的耳目喉舌，具备上层建筑的属性；另一方面作为生产和传播信息的产业，具备经济基础的属性。这个理论上的突破带来新闻事业发展的新思路，即用企业管理的办法来经营新闻事业，广东报业也因此步入突飞猛进的历史新阶段。在这一阶段，广东报业的新变化体现在：一是新闻传播观念由以传者为主逐步向以受众为主的方向转型，许多报纸从贴近受众、贴近生活、贴近现实的市场需求出发，不断创新开拓，出现了以党报为主，经济类报纸和服务类报纸为辅的报业繁荣局面。二是扩充硬件、扩大容量。随着报纸经济实力的增加，报纸经营的硬件大大改善。《羊城晚报》《广州日报》《南方日报》先后实行了编辑出版电脑化，并兴建现代化的印务中心出版彩报，同时各大报相继扩版增容。三是从以党报一业为主向多种经营的集团化目标挺进，广州、深圳的五家大报已基本具备建立报业集团的条件。四是社会新闻、服务性、娱乐性专版以及都市随笔在各报所占的比重越来越大，出现了以《南方都市报》《新快报》为代表的适应市民口味的大众化报纸。

第四阶段，从 1996 年至今，广东报业进入集团化、产业化经营的阶段。自 1996 年 1 月广州日报报业集团成立以后，经中共中央宣传部、新闻出版署和广东省委批准，南方日报报业集团、羊城晚报报业集团于 1998 年 5 月 18 日正式挂牌成立，这无论是对广东报业还是对全国报业的发展来讲都是一个大的飞跃，成为中国报业改革影响深远的带有方向性的大事。

广东报业集团化的趋势给报业经营观念带来了巨大的冲击，形成了以党报为龙头，包括子报、出版社、印刷公司、发行公司、广告公司、连锁店以及其他相关产业在内的整体产业化优势，同时报业的媒介意识、市场意识和竞争意识大大强化，广东报业逐渐形成谋求大规模、高效益发展的有效组织形式。

二、广东报业观念更新的社会动因

广东地处我国改革开放前沿，是近 20 年来我国报业发展最迅速的地区之一。报业的发展首先得益于广东改革开放的大环境，同时与广东传统的商业文化气氛、广泛的受众基础和超前的人才意识有着密切的关系。

1. 经济因素：报业发展的物质基础

传播学者认为，一个国家或地区的经济增长和大众传媒的发展有着内在的密切的关系，经济增长为大众传媒的发展起着召唤、催生、启动和促成的作用。这不仅体现在报业经营新思想、新观念的导入，还体现在报业为适应社会经济发展而实现的从机制到内容、形式的转变，而且经济发展为广东报业的繁荣奠定了良好的物质基础。

改革开放以来，广东逐步形成了以公有制为主体、多种经济成分为补充，全方位、多层次、宽领域的开放和发展格局。从 1980 年至 1998 年，广东经济的年均增长率达 14%，一直领先于全国平均水平。经济的飞跃发展，为报业的发展和竞争提供了极为有利的条件。经济增长刺激了广大受众对信息的迫切要求，资金充裕有利于报纸种类的增加和设备的添置，而科技进步更是推动了报业结构的升级换代。

2. 人文因素：报业发展的基本前提

改革开放是广东崛起的根本原因，政策方面的优惠固然重要，却不是唯一的因素。事实上，自 20 世纪 90 年代以来，全国改革开放的大格局基本形成，广东的政策优势并不明显，但广东的经济仍保持了良好的发展势头，尤其广东报业的发展是在 90 年代以后才显示出其旺盛的生命力，其中很重要的一点就是广东报人超前的现代经济意识。

广东是商业文化发展较快的地区。历史上，广州一直是重要的通商口岸，近代"下南洋"的热潮，造就了大量的侨乡和华侨，培育了人们的经济意识。毗邻港澳，使广东人较早地感受到现代经济意识的冲击。广东的报人长期浸淫于这样的文化氛围，自然会将这种报业发展不可缺失的经济意识活学活用。在北方的媒介还在为报纸的属性争论的时候，广东的报纸早已先行一步，并最早理解和实践"两个轮子一起转"的报业经营发展指导思想。他们以办报为中心，一手抓业务，一手抓经营管理，较早实现了由事业单位的行政管理方式向企业经营管理方式的转变。进入 20 世纪 90 年代中期，广东报业已具备了相当的物质基础。随着报业市场化程度的提高，广东报业进入战略扩张、规模经济的阶段。广东三大报相继自办发行，经营灵活性大大增强，并建立起相对完善的媒介系统，靠集团优势来占领市场，赢得受众，这更凸显了广东报业紧跟时代步伐的现代经济意识。

3. 受众因素：报业发展的市场条件

广东报业能够保持持续的增长势头，还有一个重要的因素是广东报业具备潜力巨大的受众市场。具体体现在：其一，广东是商品经济最活跃的地区，商品经济的发展增加了人们的信息需求，不仅催生了发达的报业，也孕育了一批又一批的受众群体。在广东，读报已成为许多人生活中的重要组成部分，"吃早茶叹报纸"早已是广东人特有的消费景观。从消费决定生产的角度来讲，是受众培育了广东报业的市场。其二，广东也是外来人口最多的地区，人口的流动性也促成了潜在的受众对信息的大量需求。其三，广东报纸讲求短、新、快、活的特点，注重社会新闻、娱乐新闻的软化倾向，迎合了部分受众的共同兴趣。

4. 人才因素：报业发展的根本动力

报业属知识密集型产业，一家报纸要保持可持续发展，必须有一支结构合理并具备现代办报意识和采编业务过硬的队伍。20 世纪 80 年代以来，广东报业借改革开放之东风，筑"巢"引"凤"，"借鸡生蛋"，并着力为人才的成长创造条件，使一大批年轻人才脱颖而出，数以百计的采编骨干走上中层以上领导岗位。近年来，随着报业竞争的日趋激烈，许多报纸纷纷到北京、上海等地的名牌大学招聘人才，硕士、博士等高学历的人才比例逐年提高，"博士办报"

"专家办报"成为一种新的办报观念。人才结构的改变和人才使用培养机制的完善，给广东报业的发展带来了巨大的活力，报纸的思想文化品位明显提高，并形成了特点不同、风格各异的局面。

三、确立广东现代报业发展的新观念

广东报业经过 20 年的改革和发展，已经具备了较好的物质基础和社会影响力，并且在办报观念、经营思想、市场和受众意识以及报道方式等方面形成了与市场经济紧密结合的商业化风格，无论是在规模和效益上都走在了全国报业的前面。但是与广东社会经济的总体水平和受众日益增长的文化需求相比，广东报业的发展还存在一些问题和不足，主要体现在：①报业的主导功能发挥得不够，特别是在引导舆论和舆论监督方面的作用与受众日益增长的现实需求不相适应；②受新闻竞争的影响，新闻报道的内容和形式出现重复雷同现象，使报纸原有的风格特色受到一定程度的损害；③报纸在追求信息量的同时，稿件的新闻价值含量有所降低。因此，广东报业要在以后的发展中"增创新优势，再上一层楼"，既要继续保持现有的优势，还必须树立和强化以下几方面的观念和意识：

1. 舆论引导意识

舆论是民意的体现。引导舆论首先是积极地反映舆论，在决策者和受众之间建立信息交流和意见通传的渠道；其次是充分发挥舆论监督的功能，树立报纸的权威性，对社会对受众负责。此外，舆论引导不仅是政治方向上的引导，还包括思想观念、道德观念、价值观念等方面的综合反映和引导。

2. 市场定位意识

一家报纸的生存和发展是以自己的基本读者为市场主体的，如《南方周末》《中国青年报》《北京青年报》《中国经营报》《环球时报》和《精品购物指南》等报纸，都是通过对读者市场进行细分以后形成了相对固定的读者群体和风格特色，从而满足了不同层次读者的精神消费需求，正是靠这种市场定位的不可替代性，才使报纸保持了较强的竞争力。

3. 媒介参与意识

媒介参与是媒介通过议题设置引发公众参与讨论，一方面使受众的意见得以宣泄，为政府决策提供真实的舆情和可供参照的意见；另一方面媒介还担负着启蒙和引领受众的社会责任，目的在于使受众对自己的公民权利有明确的认知，以激发其参与社会改革的积极性和自觉性。在报业市场竞争不断深化的今天，这种媒介参与意识将成为报纸竞争力的关键。

4. 人才意识

人才意识不仅体现在对高素质人才的引进上，还体现在对现有人才的合理调配和有效的培养使用上。要尽可能杜绝人才的浪费和学非所用的现象，在报社形成一种适合人才健康成长的业务学习氛围和竞争激励机制。

5. 效益意识

广东报纸很讲求所谓的"卖点"，这本无可非议，问题在于对卖点的理解存在一定的片面性。有人认为，只要发行量上去，广告收入增加，报纸有人看，这就是"卖点"。实际上，"卖点"是对报纸的总体社会评价，是社会效益和经济效益的有机统一。真正有利于报业健康发展的"卖点"，绝不是以弱化社会效益为代价的。这种做法不仅会危害社会，误导读者，也会导致报纸的品位下降，损害报纸在读者心目中的形象，无疑是一种饮鸩止渴的短期行为。

纵观广东报业观念嬗变的历史轨迹，广东报业的发展既有改革开放大环境客观生成因素的影响，也是广东报业紧跟时代步伐不断求新、求变、求快的主观努力的结果。随着经济的发展和社会的不断进步，广东报业也将进入一个更高的发展阶段。要发展，就要更新观念，树立和强化适应广东现代报业发展的新的观念和意识。可以预料，观念更新将引导和推动着广东报业继续走向更加美好的明天。

（原载于《岭南新闻探索》2000 年第 1 期）

城市化中的报业发展趋向

伴随着我国的城市化进程，都市报的崛起和城市日报、晚报的后劲勃发成为报业发展的新亮点。2001 年，城市类报纸的广告收入达到 205.92 亿元，占到全国报纸广告收入的 66.18%。同时，机关报、周报和经济、体育、娱乐等专业类报纸也更加注重自己的市场定位，意识到把城市人群作为自己目标受众的重要性，并在经营战略上逐步体现出一种城市化的趋向。那么，城市化到底对报业发展带来哪些积极的影响？报业发展又如何适应目前这种城市化的趋势，不断拓展自身的发展空间？这是报业在今后的发展过程中需要明晰和解决的问题。

一、城市化给报业带来了什么

城市是人类人口、经济、文化相对集中的自然地理单元。在社会学的视野中，城市是城和市的统一体，城是人口和建筑物的密集之地，市是商品交换的场所。城市的发展主要取决于商品交换的发展，交换越发达，人口和商品的集中程度就越高，城市的规模也就越大。交换促进了生产和需求，并成为城市规模扩大化的强大动力。在信息社会中，城市经济活动是以信息产品的交换为主，政治、经济、军事和文化活动的进行都依赖于对信息和知识的收集、储存、处理和生产，信息是所有社会过程和知识组织的原材料。可以说，信息化伴随着城市化的进程，是城市化的重要特征之一。作为信息社会信息生产与交换的主要载体和信息产业的重要组成部分，报业的发展与城市化的进程有着密切的关系，从宏观的角度来看，其作用主要在于以下几个方面：

1. 城市化加速了经济增长，为报业发展提供了良好的投资环境和基础设施

较高的经济发展水平不仅意味着当地的居民有较高的收入水平和消费能力，而且意味着当地拥有充裕的资金和良好的科技发展水平，而这正是报业发展所必需的物质条件；经济增长刺激了受众对信息的迫切要求，资金充裕有利于报纸种类和数量的增加，而科技进步更推动了报业技术的升级换代。

2. 城市化有利于形成良好的人文氛围，孕育了报业发展必需的经营意识

从国内报业发达的几个区域来看，无论是北京、上海、广州等中心城市，还是成都、南京、西安等主要城市，不仅有着厚实的历史文化底蕴，同时也是商品经济较为发达的区域。当地报人长期浸淫于这样的文化氛围，自然会将这种报业发展不可或缺的经营意识、市场意识活学活用。

3. 城市化促进了人口和企业的集中，为报业发展创造了巨大的市场空间

首先是受众市场，城市巨大的流动人口促成了现有的或潜在的受众对信息的大量需求；其次是广告市场，城市企业不断增长的信息交换的需求，使商业广告成为报业经营的主要收入来源；最后是人才市场，报业属于知识密集型企业，人力资本是报业保持可持续性发展的关键要素，而城市具有很强的吸纳和积聚人才的效应，近年来新闻院系的学生对京、沪、穗、深等城市的青睐，不仅是出于对报纸的认同，也包括对办报环境的认同。

4. 城市化大大推动了报纸等大众传媒的社会整合功能的发挥

城市化在形成新的固定人口和流动人口的同时，加速了社会阶层的分化。由于社会、经济、文化地位的差别，城市居民的生活观念、生活方式存在很大的差异性，他们的心理距离在扩大，社会关系也越来越复杂化，因而迫切需要借助报纸等传媒中介来沟通个人与社会的联系，体现个人的价值。城市对报纸等大众传媒的高度依赖性，以及城市化过程中大众传媒的社会整合作用的有效发挥，成为城市化过程的一个重要特征。

二、报业发展趋向

城市化为报业发展创造了良好的经济环境、人文环境，提供了广泛的信息需求和受众需求，同时也促进了报业自身的改革，使报业从观念、体制到内容、方式等多方面发生了日新月异的变化，体现出与城市化进程相适应的趋势。

1. 注重报纸的城市定位

首先体现在城市党报市场定位的调整上，如《北京日报》将自己重新定位为"首都都市机关报"，《广州日报》将拓宽发行领域作为确立区域化优势的战略来抓。其次是省级党报在创办都市报的同时，通过对新闻资源的整合，加大了对城市化地区的报道力度，目标市场更偏重于城市的主流读者。如《南方日报》在 2002 年 8 月改版中就明确提出要成为"区域性、国际化的权威政经大

报"，以"高度决定影响力"的价值追求在城市报业竞争中树立自己的特色。最后是专业报刊的读者定位更具针对性，中心城市成为其市场开发的主要根据地。

2. **注重激发和提升市民的参与意识和民主意识**

城市化不仅仅体现在经济增长对城市的高度依赖性和城市人口的增加，还体现在作为城市主体的市民的社会参与意识的普遍提高。面对这种变化的传播现实，报纸等大众传媒的社会功能已经不仅局限于为市民提供一个信息市场，还在于创造一个意见市场，在反映社会问题、引导公众舆论、构建社会共识方面发挥了重要的作用。

3. **注重城市形象的塑造与包装**

城市的形象是一项重要的无形资产，城市的美誉度越高，对城市经济和产业的发展有积极的促进作用。从目前的情况来看，各地特别是中心城市非常注重城市形象的建设，而媒体在城市的形象工程中发挥了积极的造势作用。无论是城市竞争力的评估排名，还是城市建设的重点工程、重大成就，均成为媒体报道的热点。作为广东省委的机关报《南方日报》就明确提出，"要负起包装广东的责任"。

4. **注重面向城市读者的产品设计**

报纸更为贴近市民、贴近城市现实，全方位地反映和服务市民生活。一是开设城市板块，以广东报业市场为例，各综合类报纸均开辟了广州（都市）新闻、珠三角新闻和深圳新闻等板块，《南方都市报》《广州日报》《羊城晚报》还开辟有街区新闻，把报道视野深入"凡人小事"上，很具有亲和力和现实感。《南方周末》则在2002年5月推出了4个版的"城市"专刊，以"理性的城市感性的生活"作为自己的特色追求，把透视城市社会现象的专题报道和轻松有趣的"城市地理"等专栏文章有机地结合起来。二是为满足市民不断增长的精神文化生活需求，出现了反映市民生活的"城市副刊"，集文学性、娱乐性于一身，内容包括随笔、小品文、笑话、填字游戏等。三是积极引导消费。特别值得一提的国外流行的消费新闻在广州的报纸上得到了很好的实践，比如《南方都市报》推出的"广深新生活双城记"、《羊城晚报》推出的《新生活周刊》都充分体现出报纸反映城市生活、引导市民消费的特色。

5. **注重报纸发行与报纸产品营销的互动**

这是报纸城市化趋势的又一个特点，体现在通过社会营销提升报纸的社会影响力和通过多种形式的促销来增强报纸的发行量。作为社会营销的主要参与者，报纸的社会营销不仅可以影响城市的变革，而且有利于报纸品牌影响力的增值。以《南方都市报》为例，2002 年其与有关企业合作，先后策划主办"诺贝尔经济学奖得主广东行""2002 中国南方汽车展"等十项大型活动，不仅拓展了报纸的发行市场，而且为有效地实施南方报业和《南方都市报》的品牌扩张战略起到了积极的作用。

三、拓展城市报纸的发展空间

根据最近公布的《2001—2002 年中国城市发展报告》的规划，未来 50 年我国的城市化率将从现在的 37% 提高到 75% 以上，能容纳 11 亿～12 亿人口，形成结构合理、功能互补、整体效益最大化的大中小"城市体系"，城市化水平超过中等发达国家水平。中国的社会要进步、大多数人的生活水平要提高，离不开城市化的推进；中国的报业要发展、办报水平要提高，也需要不断拓展在城市发展的新空间。就目前报业的发展来看，应该注意以下几方面的问题：

1. 立足长远，放眼世界，强化报业的战略发展规划

我国加入 WTO 以后，采用国际化的市场管理规则。目前报刊分销市场的开放以及今后制度环境的宽松，为社会资本和外来资本提供了进入的机遇，将大大拓展原有的和新兴的报纸的发展空间。今后的报业竞争将不仅限于"同城竞技"，跨地区和跨媒体经营也对报业的区域地位产生重要的影响。这就要求报业在发展过程中更加明确自身的战略定位，在稳定现有市场份额的基础上走出"围城"，在更宽广的视野中寻求新的经济增长点。

2. 提高报业的运作水平，力争传播效益的最大化

伴随着经济的增长，物质型消费已经转变为物质加精神型消费，而以信息消费为主要特点的精神型消费水平的提高和消费需求的多样化，为报业的发展提供了广阔的前景。然而与其他行业的市场化、产业化程度相比，报业的运作水平还比较低。报业要实现社会效益和经济效益双赢的基本目标，必须通过推动新闻创新，通过市场化来增强比较优势，从而更好地满足公众不断增长的信息消费需求。

3. 明确报纸定位，追踪目标读者，在差异化发展中形成特色

我国的社会转型促进了社会阶层的分化，不同社会阶层的信息消费模式和

特点也有很大的不同。新的消费阶层的出现不仅会催生新的报纸，也将使现有的报纸的定位更具独特性。报纸定位不是一个抽象的符号，而是贯穿整个报业经营活动的一种理念、一种追求，一种旨在确立自身特色的外在形象。报纸的定位应该体现在与城市化相适应的差异化发展趋势，其目标读者应更加具体，与目标读者的互动更加频繁，报纸的定位应充分体现传播者和接受者共生关系的理念。

4. 强化报纸的社会整合功能，在营造城市化中发挥积极作用

WTO 时代的中国将更多地融入和吸收国外的文化与价值观，因此报纸的社会整合功能应该得到进一步的强化。无论是主流报纸还是潮流报纸，不要局限于新闻纸和广告纸的作用，报纸更应该是一种文化纸。在城市文化的缔造中，报纸不仅要成为信息传播的重要渠道，更应该成为实现公众社会参与的桥梁和纽带，担当起批评、传承和重塑城市文化的责任，并使其自身成为城市文化的重要组成部分。

（原载于《中国记者》2003 年第 2 期）

2013 年报业发展盘点：寒冬中的突围

从 2012 年上半年开始，我国报业发行和广告市场呈现下滑态势。2013 年 5 月发布的《传媒蓝皮书·中国传媒发展报告》显示，2012 年报纸广告刊例价下降 7.5%，创下广告恢复 30 多年以来的最大降幅，东部地区报业集团主业收入普遍下滑，整体经营陷入困境；晚报、都市报等靠市场发行的报纸"整体销量下滑"都是不争的事实。2013 年，整个行业的状况并未好转。根据 CTR 媒介智讯公布的数据，2013 年前三季度报纸广告刊例花费全面缩减，同比减幅为 8.3%。

在纸媒的逃离者纷纷唱起"报纸挽歌"的背景下，纵观 2013 年中国报业市场发展状况，各地报业不论是从内容、广告发行、经营管理、资本运作，还是从新媒体战略等方面都进行了大胆的改革尝试，并取得了一定成效。在逆水行舟的突围进程中，报业唯有不断创新，才能实现纸媒的转型升级，报业复苏的春天也不会遥远。

一、内容为王：求实求深求新

尽管新媒体的快速崛起拓展了信息消费的市场规模，直接影响了用户消费习惯的转变，但报业精耕细作的专业化生产能力仍然不容小觑。对报业来说，不论是与新媒体的融合还是和现有传统媒体的竞争，要想在激烈的竞争中脱颖而出，"内容为王"始终是报业参与市场竞争的起点和重要资本。在 2013 年的报业实践中，内容自然也成为首要的突破口。

1. 改变表达方式，将"走基层、转作风、改文风"落到实处

2011 年下半年开展的"走基层、转作风、改文风"活动，随着 2012 年的发酵深化，其成效在 2013 年的报业实践中有了更加显著的体现。

在 2013 年的"两会"报道中，《人民日报》改变过去综述过多、长篇稿件泛滥、主题先行的报道格局，以短文取而代之，"两会"期间各版头条，也几

乎都是千字文。《中国青年报》则立足民生视角解读时政要闻，力求时政报道接地气，比如其 2013 年 3 月 7 日的"两会"特刊，头版 5 篇短小精悍的报道分别关注养老、土地、节约型政府、社会分歧、城镇化这些与公众切身利益相关的话题。而以《重庆日报》为代表的一批党报也开始逐渐将头版"腾"给老百姓，真正遵循新闻规律办报。

"信息可视化"将单纯的文本和数据信息等转化为具有丰富层次、有趣易懂的可视化形态，令读者印象深刻、阅读轻松。《人民日报》2013 年 3 月 3 日"两会"特刊稿件《今年"两会"怎么开》，将"两会"议程、代表选举程序和会上要审议的 6 份报告用色块、图表标明逻辑关系，充分体现了"信息可视化"的原则。2013 年 3 月 7 日，《新京报》A07 版用图表展示中国城镇化历程，让报道更加通俗易懂。2013 年 10 月 1 日，《新闻晨报》A04 版关于国庆小长假的报道中，归纳出 5 个出行方向，用图标的形式清晰展现每条线路的常规走法（灰线）和编辑给出的绕行路线（红线），为市民出行避堵支着。

2. 加强深度报道，强化新闻的深度和厚度

在抢夺时效性方面，微博、微信等新媒体占有绝对优势，但在信息的深度挖掘与整合方面，报纸具有得天独厚的优势。2013 年，各家报纸纷纷把加强深度报道和增设深度报道版面作为改版和内容创新的重点。

2013 年元旦过后，《人民日报》开始改版，每周日推出"观察"版，主要围绕改革开放和现代化建设中的热点、焦点问题，进行立体化、多层次、多视角的观察和剖析，探寻争论话题背后的真相。后来《人民日报》又陆续推出"有感而发""案例剖析""基层探索"等栏目，旨在向读者提供更加全面和深入的信息。《海南日报》也于 2013 年 1 月 8 日推出专门的深度报道版面，对各类经济、社会、文化现象和问题进行深度挖掘。而如《中国青年报》《新京报》《南方日报》及《21 世纪经济日报》《第一财经日报》等媒体，在对新闻第二落点的开掘方面一直都走在前列，2013 年也推出了许多主题重大、影响广泛的深度报道。

3. 打造评论精品，把握报纸影响舆论的制高点

在媒体内容竞争白热化、各家报纸对新闻信息的开掘方式同质化的情况下，对引导主流舆论的意见市场的打造显得尤为重要。2013 年报纸在改版潮中纷纷从强化评论入手，可以看出在信息洪流中，为读者提供观察新闻事件的视角和分析问题的观点，已经成为报纸提升竞争力的共识。

从 2013 年元旦起，每周一到周五，《人民日报》第五版固定为评论版，该版上汇集读者熟悉的"钟声""人民时评""本报评论部""声音"等言论栏目。该报设立评论版的目的在于"在交流、交融乃至交锋中，传递'中国好声音'，谋求最大公约数，推进社会前进的步伐"，这也成为该报"历史上第一块新闻评论版"。《湖北日报》2013 年元旦当天也推出评论版，编辑部希望可以在"纷繁的表达中，捕捉理性的思考，打捞沉默的声音，展现出真正的人民意见"。《海南日报》也于 2013 年 1 月 8 日推出评论版，旨在"以国内省内最新新闻为依托，为读者及时提供思想和观点"。

二、发行与广告：退中求进

世界报业和新闻出版协会（WAN-IFRA）公布的调查结果显示，2012 年全球报纸发行量比上年微减 0.9%，比 2008 年减少 2.2%；全球广告收入同比减少 2%，比 2008 年减少 22%。全球报业衰退已成为常态，从 2013 年最新公布的发行、广告统计数据来看，中国报业的情况也不容乐观。

发行市场疲软，报业尝试破界结网。据世纪华文对全国 60 个城市几千家报刊亭的持续监测数据显示，2013 年上半年报刊亭报纸销售量同比下降 11.51%，环比下降 8.87%。其中财经类报纸、都市类报纸、IT 类报纸、时政类报纸同比均出现了明显的下滑，而党政类报纸、城市生活服务类报纸出现一定的上升。统计数据显示，都市报的销量虽然仍保持着绝对领先的地位，但零售市场的份额从 2012 年的 62% 下降到 58% 左右。

为适应市场，2013 年 11 月 18 日《江南都市报》打出价格调整旗号，从 2014 年开始在南昌地区进行定价调整。江西省其他地区订阅价格每份 144 元/年，保持不变，南昌地区订阅价格调整到 100 元/年。而此前南昌报业发行价几乎已经是全国报纸最低，每份报纸年订阅价格只要 44 元，有的报纸甚至免费送。该报刊文表示调整原因在于"成本倒挂严重，品牌成长需要"。

面对颓势，报业积极探索发行新模式。2013 年 4 月 2 日，北京青年报社、河南日报报业集团、杭州日报报业集团旗下发行企业——北京小红帽发行股份有限公司在北京签订《发起人协议》。这是国内首家由报刊发行单位发起设立的跨地区精准投递/直复营销平台公司，标志着北京、河南、浙江报刊发行开始"破界结网、转型升级"，也意味着中国报业发行网络平台转型进入了实际操作阶段。这是继 2012 年全国城市报业发行网络联盟天津年会 23 家单位组建"全国报业 COD 配送联盟"后，报业发行的又一创举。

此外，2012 年年底，《中国日报》非洲版开始在肯尼亚创刊发行，这是在非洲发行的首份中国英文报纸。2013 年 2 月 20 日，《环球时报》正式推出美国版并在美国发行。同年 7 月 13 日，《今晚报》新增 7 个海外版，并在与其合作的 7 家海外媒体所在地发行。可见，我国报纸发行的国际化水平在不断提高。

广告市场小幅下滑，仅房地产广告投放增长。据权威研究机构 CTR 媒介智讯公布的数据，2013 年前三季度传统媒体广告刊例收入同比增长 6.5%，较 2012 年同期有所反弹，但就报纸这一单一媒体而言，同比减幅达到 8.3%。在广告类别中，商业、服务性行业、交通、邮电通讯和金融几个主力投放行业的减投幅度都在两位数以上，唯有房地产以 19% 的增长支撑着报纸广告。在政策的持续影响下，二套房购买受限，广告主发力新楼盘，可以为房地产行业广告"抬头"提供注解。

从微观来看，各家报纸广告刊登额的排行格局变化不大。从持续关注慧聪研究发布的月度报刊广告刊登额排行榜发现，《广州日报》《北京青年报》《南方都市报》前三季度的广告投放排名一直保持在前三名的位置，只是排次会发生微调。从 2013 年 5 月份开始，《北京青年报》开始超越《广州日报》位列第一，蝉联全国报业市场广告收入最高位置 19 年的《广州日报》能否继续保持冠军位置，还需进一步观察。

三、经营管理：在资源整合中创新

2013 年报业经营管理的亮点在于资源整合的视野更加开阔，从区域内资源整合模式开始走向跨区域甚至跨国整合的道路。

1. "一城一报团"成报业发展新模式

2013 年 10 月 28 日，上海率先启动了报业集团兼并重组的改革步伐，原解放日报报业集团和原文汇新民联合报业集团合并成立了上海报业集团。有学者称此次合并的初衷是在传统报业发展普遍面临下滑困境和生存危机背景下的"抱团取暖"。随着两大报业的结构调整，上海报业市场不仅可以避免同业竞争，使广告发行价格更加规范，而且还为新媒体战略的实施提供便利。恢复《解放日报》《文汇报》《新民晚报》独立法人建制，也将更有利于发挥三大报纸的品牌效应并释放运营活力。但也应该看到两大报业集团合并造成的市场垄断可能带来的弊端，如缺少竞争会导致活力减弱、服务水平下降等。

在报业竞争并不激烈的广西，报业也开始寻求规模化发展。2013 年 6 月 28 日，广西首家报刊集团——广西师范大学报刊传媒集团有限公司在桂林挂牌成立。该公司将以资源、资本、品牌、数字化平台等为纽带，推进综合性报刊集团建设，推动报刊规模化发展。

2. 报业跨区域经营呈现新趋势

报业跨区域经营最早可以追溯到 2003 年南方日报传媒集团和光明日报报业集团联手打造的《新京报》，其在市场上取得了巨大成功并成为报业跨区域经营的范本。随后，上海文广新闻传媒集团、广州日报报业集团、北京青年报社在上海创立《第一财经日报》，原解放日报报业集团与成都传媒集团两大报业集团投资《每日经济新闻》，等等。2013 年，报业跨区域经营逐渐走上战略层面。

2013 年 1 月 20 日，江西日报传媒集团、湖南日报报业集团和湖北日报报业集团在武汉共同签署《中部传媒战略合作协议》。协议内容包括联合采访、媒体从业人员交流合作培训，以及广告、房地产开发等。中部三大省级党报集团建立区域媒体合作联盟，通过这一超越新闻业、传媒圈的战略合作，有望将长江中游合作圈打造成为传媒集团领军的，可比肩长三角、珠三角和环渤海的经济圈。

报业跨区域经营也尝试走出国门。2013 年 11 月 5 日，南方报业传媒集团与泰国历史最悠久的华文报纸《星暹日报》签订合作协议。南方报业传媒集团入股《星暹日报》，并展开全方位深度合作，实现跨国办报，这在中国和泰国报业传媒史上都属首创。这恰好符合南方报业传媒集团"深耕主业、多元开拓、加快转型、融合发展"十六字发展战略中的"融合发展"。

3. 报业多元化拓展模式深入发展

从我国第一个报业集团建立开始，报业通过向相关行业扩张，寻求盈利增长点的多元化拓展模式就已逐渐形成。近年来，随着报业发行、广告市场的不断萎缩，这种模式也成为越来越多报纸的优先发展战略。

作为我国首家媒体经营性资产整体上市的报业集团——浙报传媒集团过去三年通过打造传媒梦工场、构建自主性互联网用户平台、并购盛大旗下杭州边锋网络技术有限公司和上海浩方在线信息技术有限公司等方式，成功实现了全媒体转型，成为报业经营管理的范本。浙江日报报业集团社长、党委书记高海浩在公开演讲中也提到，未来浙报传媒集团将致力于构建以综合文化服务为主体的"传媒文化金字塔"，塔底是游戏娱乐，保证基本用户和流量，中间层为各类综合文化服务应用，顶层为核心价值传播。这样就可以在满足用户文化娱乐需求基础之上，实现浙报传媒集团的传播理想。

借助报纸主业进行多元化拓展几乎成为报业共识。2013 年 6 月 22 日，福建日报报业集团启动"海峡传媒港"传媒总部经济创意园区项目，至此福建日报报业集团已形成 11 报 12 刊及多家网站等新兴媒体的立体化媒体格局，初步培育了 60 多个经济实体组成的文化产业链。贵州日报报业集团则发挥自身渠道优势，整合人才和资本，市场化运作社会资金近 6 亿元发展影视文化产业，策划拍摄 10 多部影视作品，获得广泛好评。影视产品的巨大票房收入和后续版权销售、衍生品开发等种种收益，为报业集团带来了巨大回报。

四、媒体融合：报业的多介质转型增值

从互联网的出现到当前微信、云存储大行其道，每一次面对新媒体的包围，传统媒体都在不断寻求突围之道。从纸质报纸到网页电子版、再到移动终端版，报纸的介质也变得越来越多样化。面对来势凶猛的新媒体，2013 年，报业也尝试将新媒体理念渗透进传统业务中，实现多介质增值。

1. "云报纸"开启云媒体时代

早在 2012 年 5 月 17 日，《京华时报》已经在北京举行了云报纸全球首发仪式，该报也成为第一家将报纸图片识别技术与纸媒相结合的媒体。读者可以通过手机拍摄报纸上的图片，打开"云"端的海量信息。这其实相当于云报纸有两个平台：一个是传统形态的报纸，一个是延伸用户阅读需求的"云"端。2013 年，"云"理念更加深入人心，更多媒体开始试水云报纸。

2013 年 5 月 17 日，全国 60 余家媒体在北京成立了全国云报纸技术应用平台，其中 29 家全国主流报纸签约该平台。这一平台为成员媒体提供数据收集、数据分析等服务，在大数据时代为传统纸媒提供最权威的数据支撑。读者只要在手机安装名为"云拍"的客户端，就可以通过手机拍摄报纸图片的方式打开云端信息。随后，《京华时报》在云报纸基础上，又推出《京华时报云周刊》，新增在线购物功能。2013 年 8 月，《三秦都市报》借助这一平台正式上线云报

纸，成为陕西省第一家将图像识别技术与纸媒相结合的媒体。

2013 年 7 月 1 日，《人民日报》在头版刊登《致读者》，称将分步推进传播形态创新，利用二维码、图像识别等技术，将部分稿件由单一的文字形态转化为文字、视频、音频等多媒体形态。这其实也是对云报纸理念的践行。

2013 年 8 月 8 日，南方报业传媒集团正式与 IBM、软通动力合作，在江苏昆山建立一个基于媒体的云计算中心。南方报业传媒集团投入多年积累的咨询产品资源，利用大数据和云计算等技术，尝试寻找新的商业模式。但合作所产生产品的最终呈现形态尚未公布。

2. 移动客户端开发方兴未艾

随着 2010 年 1 月 28 日 iPad 平板电脑的推出和智能手机的迅速普及，报业的生命线延伸到了平板电脑、手机等移动终端。报纸开发手机报、移动客户端都已经不是新鲜事。2013 年，报业移动客户端开发更加多样化，也更加注重读者的阅读体验。

2013 年 3 月 25 日，陕西日报传媒集团采用国际前沿的 AR 技术，成为全国首家"会动的"视频化省级党报。读者只要用手机扫描《陕西日报》版面上的二维码，就可以链接到陕西传媒网后台，直接在手机上看到、听到视频化的《陕西日报》新闻。同年 4 月 16 日，《温州日报》推出拥有自主知识产权的"欧网拍客"手机客户端，市民安装客户端后，用此软件拍照、配发文字说明后可以直接上传到《温州日报》官方网站欧网的"欧网拍客"栏目。同年 8 月，《环球时报》客户端发布新版本，新增夜间模式功能和社评栏目，读者夜晚阅读再也不用担心眼睛刺痛。

3. 微信公众平台成为新战场

据腾讯内部透露，2013 年 10 月，微信用户总数已超过 6 亿，成为移动互联网时代重要的用户入口。微信公众平台于 2012 年 8 月推出，成为继微博之后报纸进行内容营销和品牌推广的又一"战场"。目前几乎全国所有报纸都已开通了微信公众号。2013 年 4 月 23 日，《青岛晚报》"掌上青岛微信事业部"成立，成为中国传媒界第一个微信事业部。

但大部分报纸运营微信公众号的理念仍较为传统，只是将报纸的原创内容在微信上进行二次推广，而未充分利用微信的图片、音频、视频等功能。只有少数报纸做得相对成功：《人民日报》官方微信设置了"每日精粹""@人民日报""特色栏目"三个栏目，读者可以主动选择需要推送的信息，如选择"每日精粹"，就会推送人民日报官方微博的精华文章；《青岛晚报》"掌上青岛"用语音播报新闻、笑话；《羊城晚报》等微信公众号通过抽奖方式与"粉丝"互动，以扩大影响力……就目前而言，报纸微信公众号的发展仍处于探索阶段，通过微信公共平台盈利的前景尚不明晰。

（原载于《传媒》2012 年第 1 期）

2015 中国报业：融合与重构成为新常态

媒体的转型融合不仅是传播内容和传播模式的价值再造过程，也是新的传播关系的重建过程。而在这一过程中，仅靠内生动力机制的内容生产和"报业＋"式的借船出海，在充满风险的传媒市场很难毕其功于一役。

2015 年必定是中国报业最难忘的一年。10 年前《京华时报》前社长吴海民先生在《媒体变局：谁动了报业的蛋糕？——关于报业未来走势的若干预测》一文中提出了"报业拐点论"，很多业界学界人士都认为这种说法难免过于悲观。而 10 年后的 2015 年，读者、广告客户和从业人员三重流失带来经营业绩断崖式下滑，纸媒的生存空间被进一步压缩，转型升级的信心被再次打压，报业整体经营业绩出现了前所未有的"痛点"。在多重市场压力下，报业集团没有被动地等待奇迹的发生，而是主动参与"互联网＋"行动图存谋变："两微一端"成为报业与新媒体融合的主要路径；"报业＋"的多元化发展之路掀起了跨界旋风；"中央厨房"模式成为报业内容生产的标配；整合新媒体资源挂牌新三板寻求边缘突破……可以说，在寒风瑟瑟的报业"寒冬"，融合与重构成为 2015 年中国报业的关键词。

一、信心缺失：内外交困的报业市场

2005 年有专家提出"报业拐点论"，但报业在之后的几年时间内并没有体现出快速衰落的趋势：部分省级党报经营业绩的逆市增长，都市报、晚报的媒体转型探索，一度让人看到了报业的回暖迹象和重生的希望。如果说 10 年前"报业拐点论"的出现只是一句警世预言的话，那么刚刚过去的 2015 年，报业着实让很多人感受到了无奈和内外交困。

第一，广告收入断崖式下滑，新的盈利模式前景不明，休刊停刊现象已经出现，减版瘦身成为报业的普遍选择。根据中国广告协会报刊分会与 CTR 媒介智讯提供的数据显示，2015 年，中国传统媒体广告环比由上升变为下降，其中报纸下降 40.5%，杂志下降 22.8%，一些都市报下降更达到 60%。

第二，报业经营出现了全方位的信任危机。党和政府通过对政务微博、微信的普遍应用，以及与百度、腾讯等公司的技术合作，已建立起非常完备、高效的新闻发布系统，大大降低了报纸在信息传播和新闻发布方面的不可替代性；企业广告客户对报纸传播力的信任度下降，大部分广告预算投向新兴媒体；移动终端阅读渐成趋势，造成大量读者流失，一些品牌知名度和读者忠诚度较高的报纸也未能幸免。

第三，报业内在的创新动力不足，报纸停刊和中高层管理人员离职转型已成潮流。云南《生活新报》在创办 17 年后于 2015 年 7 月 1 日休刊；湖南《长株潭报》在出版 1 454 期之后于 2015 年 9 月 21 日宣布休刊；9 天之后，创刊 30 多年的民生财经类报纸《上海商报》也于 2015 年 10 月 1 日正式休刊。

除了休刊停刊潮外，传统媒体人也出现了离职潮、转型潮，如《第一财经日报》总编辑秦朔、《都市快报》总编辑朱建等相继离职，他们不是转场新媒体，就是加入创业潮。与此同时，新闻网站高管辞职也屡见不鲜。媒体人的离职潮还在继续，其给传统媒体带来的影响可谓巨大。正如有的报业老总所言，2015 年报业的最大危机是信任危机，如果信任不重建，再怎么转型也难以解决根本性问题。

二、跨界融合：以"报业＋"拓展竞争空间

2015 年报业经营景气指数的下滑，也让报业重新审视自身的未来。跨界融合的"报业＋"战略，成为报业集团进行多元化发展的新路径。

2015 年 11 月，河南日报报业集团、大河网络传媒集团与阿里巴巴、百度、河南移动签署战略合作协议。加上之前已经签署了合作协议的腾讯，BAT（百度、阿里，腾讯）"三巨头"全部与河南日报报业集团携手前行。按照其战略设想，河南日报集团将与阿里云共建媒体云，推动河南省传媒行业利用云计算和大数据技术，完成向新媒体领域的拓展；与百度贴吧合作，通过掌控贴吧信息入口，打造本地化、区域化、精细化的大型社交互动平台；与河南移动的合作，实现品牌资源和信息服务的共享。

2015 年 6 月 25 日，上海报业集团文化金融地产平台的实质性启动项目之一——瑞力创新基金宣告正式投入运作。该基金首期认缴规模约 18 亿元，目标

规模不低于 100 亿元，旨在投资新兴战略产业和文化科技地产领域的优质项目，其中在私募股权投资领域拟设立医疗健康、节能环保和 TMT 子基金。上海报业集团意图利用各类产业和项目重组，实现市场化资本运作，最终实现向"互联网＋"时代的新型文化传媒产业集团方向转型。

南方报业传媒集团结合自身实际，确立了"深耕主业、多元开拓、加快转型、融合发展"的战略思路，先后启动南方网和《南方日报》深度融合、南方舆情数据服务、289 艺术园区、"南方＋"客户端等重点项目。2015 年 10 月，南方报业传媒集团的"南方＋"客户端开通。

在"互联网＋"的引领下，浙江日报报业集团、大众报业集团等纷纷试水"报业＋电商"；河北日报报业集团、广州日报报业集团纷纷涉足"报业＋旅游"；重庆日报报业集团则成为"报业＋地产"行业的领路人。

这一系列举措证明，"报业＋"不仅有利于传统媒体营业收入扭亏为盈，更是深化报业融合的有力举措，跨界合作已经成为"互联网＋"形势下报业集团探索盈利模式和多元发展的有益尝试。

三、市场重构：以服务凸显用户价值

一直以来，传统媒体秉承"内容为王"的价值理念，作为其参与市场竞争的起点和重要资本，但"内容为王"建立在媒体对于渠道有核心控制力的基础之上。随着信息消费方式的急剧转变，渠道的移动化、碎片化、社交化等特点愈益明显，使原有的传播逻辑被打破，"内容—读者—广告"的注意力二次变现模式被颠覆，仅靠"内容为王"已经无法实现商业闭环。

浙江日报报业集团在"服务集聚用户，新闻传播价值"的思路指导下，重构市场逻辑。其继 2014 年 6 月份推出"浙江新闻客户端"后，又于 2015 年推出"乐青＋"App、"浙江新闻"移动客户端地市频道、"浙江 24 小时"、"易转诊"医疗 App 等客户端。通过这样一种分层、分类的媒体资源管理方式，浙江日报报业集团聚集了可观的用户资源，通过数据积累和分析挖掘，找到不同用户和不同需求。在用户数据运行中，浙江日报报业集团实现对用户个性化特征和需求的有效研究，从而积累起属于自己的增量数据资产，形成构建用户中心的基石。浙江日报报业集团围绕用户需求做好服务创新的探索，取得了良好的回报，浙报传媒 2015 年上半年经营收入和净利润双双实现了高速增长，并获得"2015 世界媒体 500 强"称号、全国"传媒集团融合传播排行榜"第三名、"新闻＋服务"建构用户平台项目入选"媒介融合教学十大经典案例（2015）"等。

将"读者"变为"客户"的转型举措也被上海报业集团所运用。上海报业集团旗下的三大"现象级"新闻媒体平台，即"上海观察""澎湃新闻"和"界面"在坚持优质内容的基础上，将最终的着眼点放在了用户的获取上，且成效显著。"上海观察"的用户群体定位为上海本地的党政干部、机关公务员，截至 2015 年 5 月，其 App 下载量超过 52 万，收费订户数为 26.5 万。"澎湃新闻"的用户则遍及海内外，主要集中于中国一、二线城市，北京、广东和上海的用户占 30％以上，境外用户占 10％。两个平台细分用户，针对不同用户提供个性化和定制化的信息服务，从而获得了巨大的用户资产。"界面"平台更是利用互联网技术，建立了用户参与内容生产的原创互动机制，主要针对城市中高端人群、公司人群和机构用户。目前，"界面"用户量快速提升，在 Alexa 数据排名中，其平均浏览时间和平均浏览页面数已超越一些大型门户网站。在此之后，"界面"发起基于微信公众号覆盖移动用户最广的自媒体联盟——JMedia，希望通过提供各类优质服务黏住核心用户，进而切入公司人群的理财、求职、电商以及机构的资产管理业务等，最终发展成一个汇聚公司人群和城市中产人群的互动社区。经过这些举措，上海报业集团打造了一批影响广泛、竞争有力的新媒体项目，探索了推动媒体融合发展的新机制，促进了从内容到服务创新的过渡，起到了示范作用。

四、上市经营：以资本夯实发展后劲

媒体的转型融合不仅是传播内容和传播模式的价值再造过程，也是新的传播关系的重建过程。而在这一过程中，仅靠内生动力机制的内容生产和"报业＋"模式的借船出海，在充满风险的传媒市场很难毕其功于一役。所以必须整合报业现有优势资源，以资本的杠杆撬动未来的生机。2015 年，在资本力量进一步凸显的背景下，许多报业集团纷纷选择通过整合包装集团旗下的新媒体公司上市新三板来引进社会资本。

2015 年 1 月，杭州日报报业集团所属的"华媒控股"在深圳证券交易所实现经营性资产整体上市；6 月，辽宁日报报业集团旗下的新媒体公司"北国传媒"在新三板正式挂牌；7月，江西日报传媒集团所属的"大江传媒"在新三板挂牌成功，成为"江西互联网第一股"。事实上，媒体挂牌新三板的举措并不是从2015年开始的，仅在2014年这一年，就有济南日报报业集团旗下的舜网传媒、湖北日报传媒集团旗下的荆楚网、南京报业传媒集团旗下的龙虎网三家公司挂牌成功。挂牌的举措还未停止，由大众传媒有限公司主导的山东省互联网传媒集团，以及郑州、合肥等城市的重点新闻网站也在跃跃欲试。

　　纵观这些挂牌上市的新媒体公司，"新媒体＋新闻网站"成为主要模式。以辽宁日报报业集团旗下的北国传媒为例，其主营业务包括提供新闻资讯服务、互联网广告服务、户外广告服务、移动增值服务及信息服务。公司目前主要媒体资源包括北国网、大辽网等网站媒体以及机场媒体、城市户外媒体、手机移动媒体等。

　　北国传媒上市后，集创业平台和投融资的资本平台于一体，以平台驱动发展的思路布局"互联网＋传媒""互联网＋文化""互联网＋区域"，在内容、形式、手段、体制机制上进行全方位创新，通过设立产业先导资金、实现资本市场的股权投资等，成为辽宁日报报业集团旗下最具生机的支柱产业。事实上，上市后的北国传媒的资本效应立马显现，根据公报：2015年上半年，北国传媒完成销售收入 2 224.66 万元，较 2014 年同期增长 1 086.86%；实际净利润974.02 万元，较2014 年同期增长433.94%。

　　与争相上市的火热现状相反，新三板上的媒体股至今零成交，2014年上市的荆楚网甚至处于停牌状态。尽管遭遇如此尴尬，但上市新三板所带来的利好还是不容小觑。至少，这些传媒机构在行业内率先登陆新三板是一次免费的品牌宣传活动，其所引发的话题效应可以带来巨大的广告宣传作用，使得整个企业形象都迅速提升。

　　总之，新三板在为新媒体集团的发展壮大创造机遇的同时，也对它们提出了更高的要求。新三板不是万金石，处在媒介融合时期的报业集团在挂牌新三板之后，如何在理念观念、体制机制、资金技术、人才队伍等发面有较大提升，如何稳固用户群，找到核心且可持续的盈利模式是报业集团要不断思考的。因为挂牌新三板是起点，不是终点。

五、结语

　　纵观2015年中国报业集团转型之举，虽路径不同、方法各异，但都紧紧围绕在"互联网 +"的思路下进行，用户、数据、跨界、资本成为 2015 年中国报业主动进行融合发展的关键词。中国报业力图通过这些融合之举来重构传媒生态圈。愿景虽好，道路漫长。中国报业只有顺应时代发展趋势推进传统媒体与新兴媒体融合发展，创新乃至升级内容产品、生产方式、传播手段、服务模式和盈利模式，才能在剧烈变化的传媒格局中寻找到生存和发展空间。

（原载于《传媒》2016 年第 2 期）

战略创新篇

······

报业集团跨区域扩张的模式选择

2003 年 11 月 11 日，由光明日报报业集团和南方日报报业集团共同主办的《新京报》正式在北京面世，这是国内第一家经新闻出版总署批准的跨地区合作创办的报纸。两大不同经济区域的报业集团合作办报，对多年来形成的区域分割的报业管理体制将产生深远的影响，同时这也是报业发展由区域内竞争转向跨区域竞争的标志性事件。与上海《东方早报》立足"长三角"和广州报业以往在"珠三角"内的区域扩张不同，此次北上是南方报业脱离曾经创造"品牌神话"的"珠三角"，进行大跨度异地扩张的重要一步。那么如何看待报业集团跨区域扩张的现象？报业集团在跨区域扩张的过程中，应该注意哪些什么问题？这些是当前业界关注和思考的现实问题。

一、跨区域扩张的现实背景

报业集团跨区域扩张的态势，既是报业集团自我发展的内在需求，也与报业集团所处的社会环境有密切的关系。报业集团内在需求的增长与社会环境的变化，直接影响着报业集团经营战略的实现，也成为报业集团跨区域发展的直接动因。

报业竞争是报业集团跨区域扩张的内在动力。报业的发展具有明显的集中效应和规模效应，报业发达的区域往往也是报业竞争最为激烈的地方。在报业竞争最为激烈的中心城市，多家报纸在"抢夺"和"分割"当地的市场份额，导致报纸原有的市场空间相对缩小，平均利润率普遍降低。以广州的报业市场为例，目前已有"三大"（《南方日报》《羊城晚报》《广州日报》）、"三小"（《南方都市报》《新快报》《信息时报》）共 6 份日（晚）报和近 20 家专业类报纸。正是由于原有市场已经相对成熟，竞争的获利空间很小，在经营成本不断增加的情况下，报业要发展，仅仅依靠争夺本地市场份额是不够的，必须拓展新的市场空间。因此广州的报业集团在经历了"三国演义"的同城竞争和

"珠三角"市场的区域渗透之后，成长性比较好的报业集团自然会将发展的眼光投向城市化水平高、经济发达的区域外市场，以寻求新的增长点。

进入区域经济中心城市是报业做大做强的必然选择。报业的发展对区域经济的发展具有很强的依赖性，经济发达的区域往往会为报业带来更多的发展机遇和更大的市场空间。随着中国城市化进程的加快，国内基本形成了以上海为龙头的长江三角洲城市群、以广州为龙头的珠江三角洲城市群和以北京为龙头的环渤海城市群。区域经济中心巨大的"扩散效应"，为报业集团通过中心城市来扩大自己的市场份额和社会影响创造了良好的条件。事实上，进入各区域市场并不断提高各区域市场的占有率，就意味着拥有了巨大成长空间的发行市场和广告市场。从这个意义上讲，南方报业北上扩张，正是通过进入中心城市、拓展区域市场进而在全国报业市场上抢占制高点。

传媒集团跨区域发展有关规定的出台提供了政策支撑。2001 年国家广电总局、中宣部、新闻出版总署联合发布了《关于深化新闻出版广播影视业务的若干意见的通知》（中办发 17 号文），通知对组建媒体集团，跨地区、跨媒体经营以及媒体投融资等问题都提出了指导性意见。2002 年 6 月，新闻出版总署又相继出台《关于新闻出版业集团化建设的若干意见》《关于新闻出版业跨地区经营的若干意见》《关于规范新闻出版业融资活动的实施意见》，这种政策导向无疑使具有发展实力的报业集团坚定了走出去的信心。而 2003 年《中共中央办公厅、国务院办公厅关于进一步治理党政部门报刊散滥和利用职权发行、减轻基层和农民负担的通知》（中办发 19 号文）提出的"管办分离"的规定，为报业集团进一步摆脱旧的行政管理体制的束缚，按照产业化的原则运作提供了更大的政策空间。

中国报业市场化总体水平不高，使市场化程度较高地区的报业集团的跨区域扩张成为可能。作为文化产业的重要组成部分，报业的发展具有很强的趋利性，哪里有市场，报业就会发展到哪里。以广东报业市场的区域渗透为例，相对于广州的报业市场，区域市场基本上以党报为主，品种单一，读者大都以公费订阅为主，市场化程度比较低，即使在经济发达的珠三角地区也不例外。而广州的三家报业集团经过几年的发展，不仅拥有相对丰富的品牌资源和人力资源，在报业市场化经营方面也积累了许多成功的经验，在报业集团的体制创新方面也走在了全国的前列。显然，在媒介市场化、产业化运作已成发展趋势的情况下，广州报业仅仅依靠经验输出是远远不够的，通过品牌资源的整合、经营战略的调整，实施跨区域发展，就成为广州报业提升自身竞争力的有效途径。

二、跨区域扩张的模式选择

自 1996 年中国第一家报业集团诞生以来，我国的报业集团取得了飞速的发展。目前，全国已经成立了 42 家报业集团，几乎覆盖了大部分省、直辖市和计划单列市。但是报业集团的经营活动基本局限于中心城市的周边区域或某一地域，而真正意义上的跨区域扩张一直未能迈出关键的一步。除了政策方面的局限，选择何种跨区域经营的模式也是报业集团一直关注的重要问题。就目前来看，报业集团跨区域的经营活动主要包括以下几种情况：

1. 本地生产、全国发行的"全国报"模式

采用"全国报"模式的报纸，内容在全国各地是相同的，广告市场和发行市场以辐射全国为目标。《经济日报》《光明日报》《中国青年报》等中央级综合性大报采用的就是这一模式。"全国报"模式应该说是最简单而且风险最低的方式，在一定程度上有利于实现信息传播效益的最大化。但是这种经营模式与目前贴近本地的区域化报业市场现实存在明显的错位。由于发行市场主要以订阅为主，报业经营的市场化程度不高，因而普遍存在有效发行量不足、广告增长缓慢的问题。尽管《南方周末》和部分经济类专业性报纸也采用"全国报"的模式，但这些报纸一般有比较明确的目标市场，读者定位的标准是不同的社会阶层，而不仅仅是不同的地域，同时报纸内容的差异化使其在零售市场上也有较好的表现。

2. 立足本地、区域渗透的"地方版"模式

在这种模式下，报纸内容因地而异，广告和发行以争取区域市场为重点。这一模式以广州三大报业集团在珠三角创办的"地方版"最具代表性，仅在东莞一地，三大报业集团就有 6 家报纸创办东莞版。而最早创办地方版的《南方都市报》已经在广州以外的 7 个珠三角城市办起了地方版。采用"地方版"模式有两个基本前提：一是进入的区域市场是相对开放的，同时区域市场缺乏强势媒体的竞争；二是进入的区域必须与本地市场有着紧密的经济联系和信息交流，并且城市居民在文化背景和消费形态上具有同质性和接近性。正因为如此，"地方版"成为报业集团通过周边区域低成本扩张的成功范例。但是，如果选择"地方版"作为报业集团进入中心城市的跨区域扩张的模式，不仅面临当地强势媒体的有力竞争，而且一旦"地方版"的战线过长，报纸的整体风格和地

方特色就很难兼顾，在资源配置和经营效益上容易出现薄弱环节，造成投入和产出的巨大落差。

3. 异地办报、中心突破的"地方报"模式

这种模式以进入区域中心城市为重点，以拓展区域市场为目标。如果说"地方版"模式是基于报业集团"势力范围"的一种内部扩张，那么"地方报"则是在与原来的市场环境完全不同的地域进行的一次外部扩张。南方日报报业集团北上联合光明日报报业集团创办《新京报》就属于这种类型。这种模式的整体运作比较复杂，经营风险也最大，同时扩张的机遇和可能性也最大。原因有三：一是通过"地方报"的运作，报业集团成功的市场化运作经验和品牌影响力，可在异地市场得到进一步的推广和延伸；二是"地方报"拥有相对独立的决策系统和经营自主权，作为经营主体它可以更灵活更有效地参与当地的报业市场竞争；三是采用"地方报"的模式，可以实现集团内部的资源共享，在一定程度上有利于规避风险，降低经营成本，提高现有报业资源的利用率。所以，从目前报业的发展趋势看，"地方报"模式将成为报业集团跨区域扩张的基本模式之一。

三、跨区域扩张过程中的问题

国内首家真正跨区域的报纸《新京报》的创办，可以说是我国传媒产业在全国范围内自由流动和充分竞争的发端，也是建设全国统一媒体市场的重要标志。但是，跨区域办报对报业集团来说毕竟是一种新的尝试，"地方报"模式能否产生预期的社会效益和经济效益，还有待市场的检验。就目前的情况来看，报业集团的跨区域经营应注意以下几个方面问题：

1. 市场风险问题

报业集团拓展新的市场，一般都有比较明确的目标市场和市场定位。但是确定目标市场不仅取决于广阔的市场空间和广泛的受众需求，还取决于报业集团的综合营销能力，就是说进入市场和被市场接受是两回事。对于报业集团的跨区域扩张来说，市场进入只是第一步，由于不同区域的市场环境的差异，以往的成功经验未必适用，所以在内容产品的打造和营销手段创新上及时适应市场环境的变化，才是赢得市场的关键。既要有市场，还要有进入市场的能力，这才是最佳的目标市场。既要抓住机遇，也不要盲目扩张。

2. 报业竞争问题

由于我国报业管理体制长期以来存在条块分割的区域性特点，而跨区域扩张势必与目标区域所在地的报刊利益产生冲突，如果当地的强势媒体为确保自身的利益，依靠政府的行政力量对外来户采取限制、挤压的措施，可能会严重限制报业集团跨区域的扩张。因此，报业集团的跨区域扩张不能单单强调竞争而忽视了合作，应该把结盟与合作作为提高报业核心能力，实现和拓展经营优势的重要手段。除了在区域进入上要采取集团合作的方式外，在进入市场之后与竞争对手也应有一种"竞合"的态度，在竞争中相互促进，共生共荣。

3. 读者认同问题

报纸是文化产品，不同地域的文化背景和消费习惯直接影响受众对报纸的接受和认同，南方的读者和北方的读者接触报纸的习惯和阅读报纸的取向可能有很大的不同。所以报业集团的跨区域扩张一定要坚持贴近当地受众、贴近当地实际、贴近当地生活的原则，认真研究受众的心理和消费习惯，以优质的产品和良好的服务来满足受众多方面的信息需求，从而赢得广大受众的支持。

4. 合作效应问题

跨区域合作办报，风险共担、资源共享、利益均沾、效果双赢是一个基本的原则。但一个很重要的问题是——报业集团之间如何实现 1 + 1 > 2 的整合效应，比如管理上的分歧如何协调、报业文化上的差异如何融合？一是制度的完善，制度更有利于规范人们的行为；二是处理好继承和创新的关系，要善于吸取合作双方成功的管理经验和优秀的报业文化，并根据报纸的定位进行大胆的创新，创新是发展的动力源泉；三是合作媒体之间在报纸发展之初应该着眼于长远的发展，而不是着眼于眼前的利益，最重要的是办好报纸。

5. 原有集团的发展后劲问题

报业在跨区域扩张的过程中，当产业扩张超过了有效规模，在生产能力、交易成本、技术进步等方面，都会出现效益递减现象。跨区域扩张，一定要量力而行，不能单纯追求势力范围的扩大。同时，要巩固大本营，不能在扩张中舍本逐末。

（原载于《传媒观察》2005 年第 4 期）

报业集团区域扩张的市场定位与竞争策略①

报业市场从其性质来说有相似性和差异性之分，就其空间分布而言有整体市场与区域市场之别。在报业竞争日趋激烈、报纸品种层出不穷，以及读者需求不断变化的市场环境下，任何一家报纸要在整体市场上占有绝对优势是不可能的。那么，如何在有限的市场内创造出比较优势，并通过拓展发展空间来寻求新的经济增长点，就成为当前报业改革和经营当中的新课题。近年来报业在区域市场的扩张正是基于上述思路的大胆实践。因此，就当前报业的区域市场发展策略进行分析和探讨就很有现实的必要性。

一、报业区域市场的特点

作为报业市场竞争的主体，报纸要想在强手如林的竞争环境下发展壮大，就必须建立自己赖以生存的根据地——明确的目标市场。事实上，除部分全国性报纸和专业性报纸，绝大部分城市综合性报纸都是立足中心市场、面向本地读者的。但是近年来，随着城市报业竞争强度的增加，原有的整体市场已经相对饱和，报业经营的成本居高不下，报纸发展的空间日渐窄小。在这种情况下，报业要发展壮大，仅靠争夺中心市场是不够的，必须向外寻找新的突破口，开拓新的根据地。于是，报业扩张的重点就相应地要从中心市场转向区域市场。

那么，什么是区域市场？简而言之就是指商品行销的地区和范围。在报业经营的范畴内，区域市场通常是指报纸发行的重点领域。比如《羊城晚报》的区域市场，就包括珠三角和国内其他地区的发行区域。但是，这种区域市场追求的只是报纸发行的覆盖面，其内容基本上是以中心市场为主，与其他发行区域内的市场需求存在一定程度上的错位。就报业的整体发展来说，通过延伸发

---

① 本文为国家社科规划重点项目"报业集团核心竞争力与改革创新研究"（编号为03AXW001）的阶段性成果。

行渠道来构建区域市场,由于市场反馈的延迟性和渠道控制的间接性,报纸的扩张受到很大的局限。同时,区域市场的报纸发行一般以订阅为主,对当地报纸零售终端的渗透率较低,因而普遍存在有效发行量不足、广告增长缓慢的问题。

相对于其他类型的媒介产品,报纸具有明显的地域性特点。据北京、上海、广州三地报业零售市场的抽样调查结果表明,读者一般对本地的报纸具有很高的认同感,这些报纸不仅在零售市场上占有绝对优势,其客户的广告投放量也较其他类报纸要高得多。所以,实际意义上的报业区域化经营不能仅限于报纸的分销领域,而应该是整合内容生产、报纸发行和广告经营于一体的系统性营销活动。从目前国内报业的区域市场经营状况来看,大多数报纸采取的是产销一体化的"地方版"模式。在这种模式下,报纸内容立足特定的地域,广告和发行以拓展区域市场为重点,这种区域渗透已逐渐成为中心城市报业向外扩张的主要模式。以广州报业市场为例,近年来《南方都市报》《广州日报》《新快报》等报纸纷纷突出重围,向珠三角的重点区域市场渗透。其中《南方都市报》已经在广州以外的深圳、东莞、珠海、佛山、中山、江门、惠州等珠三角城市先后创办地方版。一向面向全省市场的省委机关报《南方日报》也在2003年12月创办珠三角新闻版,相继推出深圳观察、佛山观察、东莞观察、江门观察等地方性专刊,力图在竞争已成态势的珠三角区域市场占据一席之地。

二、报业区域市场的选择和定位

虽然区域市场已经成为报业争先恐后的新的经济增长点,但并非所有的区域市场都可以成为报纸生存和发展的新的据点。因为报业的区域化经营实际上是报纸的综合实力与区域市场需求相互博弈的过程,报纸进入区域市场必须建立在报纸的市场定位与区域市场需求相一致的前提下,是一种机遇和风险并存的相互选择的结果。因此,确定适当的区域市场,对于降低报业经营的风险,提高报业的经营效益,实现预期的扩张目标至关重要。就目前的情况来看,区域市场的选择应优先考虑下列几个方面的因素:

第一,区域市场具有较为开放的市场环境,报业竞争态势比较明朗。一般来说,市场准入是实现报业有效扩张的基本前提,这一方面取决于国家政策的有关规定,另一方面也与当地市场的竞争环境相关。党的十六届三中全会提出,

"要加快建设全国统一市场,大力推进市场对内对外开放,大力发展资本和其他要素市场,促进商品和各种要素在全国范围自由流动和充分竞争"。这种日渐松动的报业发展导向,无疑为中心城市报业走出去提供了有利的政策支撑。此外,地方党报在办报规模、实力方面的差距,以及报纸市场化运作经验上的欠缺,客观上都为中心城市报业的进入提供了用武之地。

第二,区域市场具有明显的区位优势,经济发展实力强劲,广告市场发育健全。报业的发展与区域经济有很强的依赖性,经济发达地区往往会为报业带来更多的发展机遇。以珠三角的重点城市东莞为例,2007 年,全市 GDP 达到 3 151 亿元,预计五年后 GDP 年均增长 13% 以上,争取五年翻一番。区域经济这种良好的增长势头,为广州、深圳等中心城市的报业集团向区域市场的扩张提供了增长的空间。据业内人士估计,东莞潜在的广告市场在 20 亿元以上,而目前所有在东莞的新闻媒体的广告经营额不足 5 亿元。所以说,进入并不断提高报纸在区域市场的占有率,就意味着拥有了良好成长空间的发行市场和广告市场。

第三,区域市场与原有市场在地理位置、经济水平、文化形态以及消费习惯等方面,具有接近性和相似性。比如珠三角区域市场与广州、深圳等中心市场同处岭南地区,报业所处的人文环境具有同质性,而区域经济一体化的发展趋势,又使中心市场和区域市场的经济发展保持了同步性。从居民信息消费习惯来看,读者普遍看重新闻的实用性,对贴近市民生活的民生新闻、社会新闻、消费新闻和娱乐新闻情有独钟。

第四,受众基础是形成报业区域市场的重要因素,因此区域市场要有相对稳定的信息消费群体。以珠三角区域市场为例,这里人口总量大,消费能力强,发达的商品经济又促进了人们的信息需求,读报已成为市民生活中重要的组成部分。此外,广东的 1 450 多万外来人口,大部分集中在珠三角地区,人口的流动性也促成了潜在的读者对信息的大量需求。从消费决定生产的角度来讲,巨大信息消费群体的存在,成为中心城市报业集团抢占区域市场的内在动力。

三、报业集团区域市场竞争策略分析

区域市场的选择和定位只是报业区域化经营的第一步,能否得到区域市场的认同,实现预期的扩张效应和经营效益,还取决于几个方面的竞争因素:内部管理因素、本地化因素和差异化因素。

在报纸区域化扩张的第一阶段（进入期），报业的内部管理因素起着主导性的作用。就报纸内部管理的目标来说，一是实现报纸的新闻效应，二是实现报纸的市场效应。实现报纸的新闻效应，就是注重从"质"和"量"两方面来提高新闻生产的效率，尽可能扩大报纸的社会影响力；实现报纸的市场效应，就是注重在市场营销的层面来提高报社经营的效益，尽可能增强报纸的盈利能力。报纸内部管理效果的好坏，取决于新闻内容的生产与报纸的发行和广告营销能否实现有效的互动。所以，报纸在区域扩张的进入期，不能急于求成，盲目冒进，必须围绕报纸品牌形象的延伸和市场定位策略，确保报社内部管理要素的协调性，以及其对报纸生产流程和营销环节的有效控制力，进而实现其预期的经济效益。从报业在区域市场扩张的实践来看，先进的报业管理机制和成熟的新闻操作经验，可以大大缩短报纸在区域市场的进入期。比如《南方都市报》《成都商报》《广州日报》《华商报》等报纸，由于拥有比较成熟的内部管理和市场运作经验，编采队伍和经营管理人员对新闻的操作和报纸营销观念的理解比较到位，因而在很短的时间就赢得了读者和市场的认可。相反，对于在中心市场立足未稳的报纸，直接选择进入区域市场的风险要大得多，区域市场扩张成功的概率也小得多。

在报纸区域化扩张的第二阶段（适应期），本地化的因素左右着区域市场对报纸的认同。首先是读者认同。读者认同的关键是内容的本地化：一方面报社的经营者要认真研究本地读者的构成和需求心理，尽可能增加本地新闻的含量，在关系民生的街区小事上下功夫，把所能涉及的能够影响市民生活、反映市民疾苦的新闻报道出去；另一方面，要加大对新闻的策划力度，在新闻的深度上做文章。其次是政府认同。报纸要在当地立足，政府部门的积极评价对创造良好的办报环境至关重要。为此，报纸不仅要关注当地政治经济的改革和发展，还要在城市形象的塑造与包装上体现出参与意识和服务意识。最后是企业认同。企业是广告客户的主要来源，尽管报纸吸引广告客户的前提是其在读者心目中的影响力。但是根据当地的客户需求，制定适应本地市场特点的发行和广告营销策略，对于提高区域市场的发行密度，增加客户的广告投放量，实现报纸效益的增值具有积极的作用。

在区域扩张的第三个阶段（发展期），差异化的因素决定着竞争的实际效果。近年来，区域市场报业竞争日趋激烈，在珠三角重点城市东莞，就有来自广州的 6 家报纸创办了东莞版。如此多的报纸要在同一个区域市场内获得良好的成长空间，就要避免同质化竞争，采取相应的差异化营销策略。一是读者定位的差异化。这就是说，要通过市场细分确立有利于发挥自身资源优势的读者对象。比如《南方日报》的地方版并没有采取大而全的市场定位，而是依靠其政策优势和权威性，主攻高端市场、高端人群和高端广告客户；《新快报》则延续其白领中产的读者定位，把目标集中于珠三角高素质、高学历、高收入、高职位的读者群；《南方都市报》更关注"新莞人"的报道。二是报纸内容的差异化。因为是读者在选择报纸，报纸应该以其独特的卖点吸引相关的读者。要做到这一点，报纸既要注重新闻的"质"，在新闻生产的每个环节注入独家的或最具特点的要素，力求新闻报道角度和报道方式的独特性。同时报纸还要注重新闻的"量"，要充分利用一切版面要素，尽可能扩大新闻信息的覆盖面，提高新闻的延伸性。三是营销模式的差异化。比如报纸发行渠道建设如何创新、广告促销手段如何多样化、服务措施如何更好地满足读者和客户的需求。

对于报纸的区域市场扩张来说，差异化既包括选择，也包括舍弃。选择和舍弃的过程就是报纸形成自己特色的过程。同时差异化策略又是一个动态的过程，只有持续地创新，不断地变革，报纸才能在区域市场的竞争中将自身的办报特色真正转化为经营上的比较优势，才能从受众的角度出发，真正做出高质量的产品，更好地满足客户的需求，从而促进区域市场增量的快速实现。

（原载于《编辑之友》2008 年第 10 期）

数字出版产业链融合的价值和路径

数字出版产业链，主要是由完全独立的数字出版关联企业组成，包括内容提供商、技术服务商、渠道运营商、市场终端等以及用户所构成的一种长期的战略联盟关系。一方面，上、中、下游企业之间存在着类似传统出版产业的大量的信息、物质、价值方面的交换关系；另一方面，它又突破了传统出版产业链以出版企业为核心的形态，实现了数字时代参与主体多元化的转变。在数字出版产业链中，除了内容生产企业外，电信业、软件开发商、投资商以及产学研用合作机构等都可以通过提供各种服务加入其中。

一、数字出版产业链融合的价值

数字出版产业链的形成和健康发展，是衡量一个国家数字出版产业成熟的重要表现。因此，数字出版产业链的有效融合将有利于数字出版产业的整体进步和各环节的协调发展，并且在国际竞争中占据优势地位。

1. 产业链的融合有利于提高整体的运作效率

随着社会分工的细化，没有任何一种产品或服务可以完全由一家企业提供。企业竞争的优势可能更多地出现在该企业与产业链上各环节的协同合作中，同一产业链上的企业可能一荣俱荣、一损俱损。加快产业链的融合进程，将有利于推进产业链的整体发展，提高产业链的整体效率，最终确保各个企业竞争力的实现。

在数字出版产业链中，处于上游的内容提供商拥有版权和内容优势、中游的技术提供商具有技术优势、下游的网络服务和终端设备供应商拥有渠道优势，但上、中、下游环节并未利用好各自优势，专注于自身核心业务的开发，而是各自为政，分散经营。由于缺乏合理的利益分配机制，它们往往试图扮演多种角色，希望获取更多的垄断利益，使得整个产业链不协调，竞争力下降。同时，由于缺乏统一的信息协作平台，各环节无法及时沟通与合作，使得重复开发情况严重且质量不高，产业链整体效率偏低。因此，必须将数字出版产业链上的上下环节紧密联合起来，加强相互间的协作，注重整个产业链的融合，实现资源的优化配置，提高整个产业链的运作效率。

2. 产业链的融合有利于改善各部分的薄弱环节

与传统出版业不同，我国的数字出版最初是由技术服务商推动进行的，而目前产业链中发展最迅速、最活跃的也是中游的技术服务商和下游的终端设备制造商。原本应处于领军地位的出版企业由于内在动力不足、版权保护存在问题、信息化程度较低、缺乏相关专业人才等原因一直保持着不温不火的状态，在数字出版中处于配角地位，使得整个数字出版产业链呈现出上游冷、中下游热的情况。此外，内容提供商的滞后也使得技术厂商往往身兼多职，不仅要提供技术服务，还要参与产品的内容整合以及销售等环节。这样由一个环节"通吃"整条产业链的状态既降低了该环节自身的效率，也不利于整个产业链的健康发展。

技术服务商和市场终端自身同样存在问题。其中技术标准的缺失一直是困扰数字出版技术的一大瓶颈。我国数字出版市场目前存在多种格式，如方正的CEB、书生的SEP、同方知网的CAJ、万方的PDF、中文在线的OEB等，不同的格式导致用户在阅读时必须使用不同的阅读器，既增加了阅读成本，也不利于信息内容的整合和处理。

数字出版产业链的融合有利于改善这些薄弱环节。整合产业链首先就是从横向出发，整合内容资源和技术渠道，实现内容资源的共享，加强沟通与合作，实现数据和技术标准的统一，最终推动产业链的整体发展。

3. 产业链的融合有利于更好地参与国际竞争

经济的迅速发展和技术的不断创新，推动着产业链的深刻变革。原本产业链中的各环节对价值创造的贡献被重新界定，"价值和利润也在产业价值链上转移，向对价值创造起关键作用的环节集中，而且转移的范围越来越大，转移的方式越来越多样化，转移的频率也越来越快"。正是因为如此，单个企业所掌握的资源和具备的能力越来越无法满足竞争的需要，要想在全球经济一体化的时代取得竞争优势，必须将范围从单个企业扩展到整个产业链的竞争。只有整合和优化整个数字出版产业链，使从上游的内容提供商到下游的终端设备各个环节均紧密协作，才能将更大范围、更多种类的资源集中起来，实现资源的合理分配，从而使我国的数字产业在国际竞争中占据优势地位。

二、数字出版产业链融合的路径

1. 完善产业链各环节，明确分工与合作

要实现数字出版产业链的有效整合和优化，必须纵向打通产业链中不畅通的环节，加强各环节之间的协作。第一，强化各环节关联企业的诚信建设。从目前的情况来看，一部分关联企业缺乏自律，在版权保护、市场准入等方面存在着诚信问题，因此必须建立有效的奖惩制度，对于破坏整个产业链畅通的行为给予严厉惩罚，保护产业链各方的利益。第二，各环节必须明确自身的角色定位，专注于核心业务的开发。无论是内容提供商还是技术服务商，都应该根据自身优势进一步巩固在该环节中的核心竞争力，以防由于"通吃"导致主要业务弱化的情况，以及同质竞争引起的资源浪费现象。第三，建立统一的协作平台，加强各环节间的交流，实现整体效率的最大化。目前中国的数字出版界也有一些尝试，比如举办中国数字出版博览会，为产业链各环节的交流提供了平台。但这对于产业链的整体有效整合来说还远远不够，中国的数字出版必须尽快建立日常化、标准化、统一的信息交流平台，实现资源的全面整合。第四，成立产业战略联盟组织，实现利益的合理分配。企业之间建立稳定的数字出版战略联盟，有利于实现资源的合理配置，提高产业链的整体效率。第五，数字出版产业需要有一个主导力量，随时对出版产业链的运行状况进行评估，根据实际情况对产业链结构进行合理的调整。这个力量可以是由各环节共同成立的统一组织，也可以由产业链中的强势企业来担任。

2. 整合内容资源，重塑内容提供商的主体地位

随着数字技术的迅猛发展，网络的快速普及，传统出版业必须尽早面对来自数字出版的巨大冲击和挑战，明确自身的定位和优势，重塑内容提供商在产业链中的主体地位。

首先，中国的出版企业必须尽快完成数字化的基础工作。如尽快建设数字化的基础设施，完成对文本的数字化，建立数字化的图书仓库和大型数据库，与 IT 企业进行紧密合作。这些举措可以先由比较大型的出版集团率先开展，然后再在一些相对较小的出版企业中推广进行。

其次，加强横向合作，实现内容资源的整合和创新。从数字出版的开展过程来看，我国大多数出版企业处于比较分散的状态，规模较小，实力有限，难以形成规模经济，限制了其作为数字出版主体的可能。因此，应当从横向整合

内容提供商，加强出版企业之间的合作，实现资源共享，优势互补，建立信息共享机制，为内容生产和创新提供新的增值服务，充分发挥其在内容方面的核心优势，从单纯的内容复制转变为对内容的深加工和创新，提高其在整个产业链中的竞争力。以韩国为例，早在 2000 年韩国就开始了横向整合内容的尝试。120 家韩国出版社集资 70 亿韩元，成立了 Booktopia，集中开发各种电子图书，这样既有效地维护了出版者自身的利益，也实现了资源的合理配置，节约了成本。

最后，建设一支经验丰富、富有创造力的数字出版人才队伍，是出版企业面对数字出版浪潮的重要任务。出版业正朝着数字化、产业化的方向前进，而现有的人才资源还缺乏与之相适应的管理和经营的能力。因此，如果想在数字出版领域占得先机，就必须大力培养和吸收适应数字出版需求的新型复合人才，建立起一支适应数字化时代要求的新型人才队伍。

3. 统一技术标准，向专业细分化方向发展

目前我国数字出版的技术服务商面临的主要问题是：缺乏统一的技术标准，导致阅读成本过高；将传统出版标准化与数字出版标准化割裂；技术商同质化竞争严重，导致资源浪费。

要改变这样的困境，首先，必须制定统一的技术标准。我国数字出版市场目前存在的多种格式既增加了用户的阅读成本，也加大了信息内容整合的难度。因此，数字出版行业应尽快制定出统一的技术标准，或者由占有强势地位的技术服务商牵头提供统一的标准。国内可以采用国际上目前比较标准的格式 PDF 或者 XML 格式，将数据标准化并且实现共享，这样可以降低制作成本，实现资源的合理配置，更好地促进数字出版产业链的健康发展。

其次，整合数字技术提供商，搭建合作平台，加强沟通与协调。我国的数字出版行业一直无法制定出统一的标准，究其原因还是因为产业链条上参与者均从各自利益单方面出发，彼此缺乏良好的沟通和协商，使得在标准制定时难以协调一致。要尽快解决统一的标准问题，必须整合数字技术提供商，搭建平台加强各方的沟通与协调，强化行业管理，或者可以效仿美国数字出版界，成立一个类似 OEB 的标准化组织，统一规定必须遵守的技术标准。

最后，向专业化细分定制方向发展，提高市场竞争力和占有率。技术服务商在搭建平台的同时，还承担着为作者、读者和出版商服务的任务，这就要求技术服务商必须在数字平台上细分各种不同的市场，提供专业化、个性化程度很高的数字服务，这样才能使其提供的服务一方面满足大规模定制的要求，另

一方面又能满足消费者不同的个性化需求，同时避免严重的同质化竞争情况，提高其在市场上的竞争力。

三、突破终端销售瓶颈，创新盈利模式

数字出版技术的成熟，使数字阅读终端产品不断升级，新型的阅读方式不断涌现，进一步突破了空间和时间的局限。在亚马逊 Kindle 的成功范例下，越来越多的厂商投身到电子阅读器的开发和生产中，市场竞争日益激烈。

随着数字技术的飞速进步，技术及产品的创新已经不再是数字阅读产品发展的主要障碍。要实现数字阅读产品的盈利，首先，传统的"以产品为中心"的思维必须向"以客户为中心"的思维转变。随着网络信息技术的发展，传播载体发生变化，出版技术手段不断提高，不同的出版主体要根据客户的不同需求，采取不同的商业模式。如何最大限度地满足消费者不同的个性化需求，将是数字出版产业最终实现盈利的必由之路。其次，必须尽快解决有关内容的正版授权的问题。目前制约数字阅读产品市场进一步发展的关键是正版电子图书内容的匮乏。贫乏的内容、高昂的价格，是大众消费者对数字阅读产品望而却步的最主要因素。要解决正版授权问题，必须规范电子阅读器的收费下载模式，合理进行利益分配。再次，健全版权体制，充分保护作者和出版企业的权益。此外，从以技术为主导向以内容为主导转变，打通产业链上的缺失环节，实现内容提供商和终端设备厂商的深度合作。目前，国内对于解决内容问题已开始有新的尝试。作为内容提供商的上海世纪出版集团推出了"辞海悦读器"，提出"内容为主导，建立共享平台"，在一定程度上为解决内容正版授权问题提供了方向。

除了传统出版商，终端设备厂商也应该重视与网络出版商的合作。在网络出版中处于垄断地位的盛大文学，目前拥有全国最多的网络小说电子版权，并取得了如王蒙、莫言、韩寒、阿来等众多知名作家的电子版权，而且这些内容均对电子阅读器开放，这无疑是缓解阅读器正版内容匮乏的渠道之一。同时，其近日推出的"云中图书馆"平台，力图为内容提供商和硬件设备商提供关于版权问题、支付问题、数据安全问题、硬件问题等一系列解决方案，为产业链的整合提供了一个新的思路。

（原载于《中国出版》2010 年第 16 期）

以品牌创新实现报业的战略转型

如果说都市报的兴起改变了长期以来党报主导的报业生态，使报刊品牌经营成为过去十多年报业集团拓展市场空间的主旋律。那么，新媒体的崛起则打破了报业市场的相对均衡，更加剧了报业的竞争态势。如何利用报业已有的品牌影响力实现品牌的延伸效应和增值效益，已成为当前新的竞争环境下报业的战略选择。因此，提升报刊品牌经营的内涵，纠正报刊品牌经营中存在的认识误区，确立报刊品牌经营的全新理念，对于实现报业的转型战略和可持续发展尤为重要。

一、报刊品牌经营的内涵提升

品牌给予消费者最直接的印象就是它作为产品标识的意义。正如菲力普·科特勒在《营销管理》中引用的美国营销学会的定义："品牌是一种名称、术语、标记、符号或设计，或是他们的组合运用，其目的是借以辨认某个销售者或某群销售者的产品和服务，并使之与竞争对手的产品和服务区别开来。"① 但在报刊同质化竞争的背景下，报刊品牌作为产品标识的意义日渐淡化。在报刊经营进入新一轮变革的条件下，报刊品牌的内涵必须超越产品标识论的范畴。

品牌是基于读者体验和认同的品牌，没有读者忠诚度就没有品牌。"顾客群的品牌忠诚度是品牌资产的核心"，② 成功的品牌不仅包括报刊的知名度，也包括读者对报刊品牌的忠诚度。因此，建立与不断强化报刊和读者的关系，是提升报刊品牌价值的关键。

品牌是基于报刊营销能力的品牌，缺乏对品牌的塑造、维护与创新能力，

---

① ［美］菲力普·科特勒著，梅论和等译：《营销管理》，北京：中国人民大学出版社 2001 年版。

② ［美］戴维·阿克著，奚卫华、董春海译：《管理品牌资产》，北京：机械工业出版社 2006 年版。

就谈不上品牌的竞争力。近年来，报刊营销已逐渐从过去的"大众传播"转向"小众传播"，越来越多的报刊注重贴近市场的需求变化，注重通过细分市场来确定自己的产品定位和目标受众。此外，基于准确定位基础上的有效的营销手段对于品牌的塑造也至关重要。

品牌是基于产品个性的品牌，是一种报刊区别于其他报刊的突出特点。报刊的这种差异性体现为读者定位的个性化和内容与形式的贴近性，只有这样，其品牌效应才能充分显现。

品牌是基于特定文化意义的品牌，是赋予报刊文化价值的过程。美国学者约翰·费斯克说过，"在消费社会中所有的商品既有实用价值也有文化价值……每一种消费行为，也都是一种文化生产行为，因为消费过程总是意义上的生产过程"①。在种类繁多、内容丰沛的报刊消费时代，人们的阅读不仅在于获得信息和休闲娱乐，还在于寻求一种消费的意义。如有的读者之所以选择《21世纪经济报道》和《瑞丽》，与其说是对其内容和消费资讯的关注，不如说是"更有利于解读自己的社会地位和身份……更能体现自己的个性和生活品位。"②

二、报刊品牌经营的理念创新

品牌经营是报刊市场化竞争发展到一定阶段的产物，在当前的报刊业发展中有着双重的现实意义。一方面国内报刊竞争已从单一的内容竞争、发行竞争转到品牌竞争上来，品牌经营已成为报刊应对同质化趋势、培育新的经济增长点的重要举措；另一方面，在报业面临新媒体冲击的背景下，以网络、手机和电子阅读器等为代表的数字媒体已经进入了高速发展阶段，进一步挤压了传统纸质媒体的生存空间。所以，强化以提高报刊竞争力为目标的品牌经营创新战略，将成为推动报业变革和可持续发展的重要推动力。就目前的情况来看，报刊品牌经营的创新应从以下几方面认真思考：

1. 强化竞争意识，推进报刊资源优势向品牌优势转化

竞争是报刊品牌经营的直接动因，也是报刊品牌经营的具体目标，报刊品牌只有在充分的竞争环境下才能形成竞争力。经济学理论认为，企业的有效竞

---

① ［美］约翰·费斯克著，王晓钰、宋伟杰译：《理解大众文化》，北京：中央编译出版社2001年版。

② 王新新：《品牌本体论》，《企业研究》2004年第8期，第25-27页。

争是以规模经济和有效利用资源相结合为主要特点的。从中国报刊业规模经营相对滞后的情况来说，显然后者的要求更为紧迫。即通过信息、人才、资本、技术等资源的合理配置和有效利用，来提升报刊的品牌影响力。

2. 以适应读者需求为手段，满足细分市场为目标，加大创新能力

在新媒体的冲击下，读者群体的构成日趋多样化，其消费的层次、品位和兴趣也在发生着变化，读者的阅读方式已经不再局限于传统报刊，通过网站、手机报、数字杂志、电子阅读器、移动互联网等信息载体接受信息和参与互动，已成为读者新的阅读方式和消费潮流。读者定位和市场细分也不是铁板一块，而是一个动态的和不断细化的过程。近年来，文摘类期刊市场的后起之秀——以中年男性为主要读者对象的精品文摘期刊《特别关注》，在短短五六年时间内，发行量达到400多万份，这与其对读者的需要和消费心态的深刻了解和准确把握是分不开的。所以说，品牌的价值存在于报刊与读者或用户的关系中，只有及时研究和把握读者和用户的消费兴趣的变化，创造多方面的"兴趣点"，才能提高读者对报刊的认同感。

3. 重视服务营销对报刊品牌的促进作用，提高报刊品牌的市场扩散能力

报刊品牌的价值不仅要靠实实在在的内容，还体现在期刊的社会服务和经营媒体的能力上。比如《南方都市报》通过举办包括文学、图书、电影、音乐等领域的华语传媒大奖，扩大了报纸品牌的影响；《21世纪商业评论》主办"中国最佳企业公民评奖活动"等系列活动，通过整合众多社会资源，为政府、企业、公众搭建沟通互动的平台，在服务社会的同时提升了自己的品牌知名度。

4. 加强客户关系管理，构建品牌价值的利益共同体

报刊品牌的成功，不仅取决于其内容的质量和贴近市场的读者定位，而且与其良好的作者队伍、广告商、渠道经销商等客户资源也是分不开的。如果一家报刊能够拥有有效的发行渠道、相对固定的广告经营伙伴，其品牌就会得到有力的支持，其品牌形象就会被大大强化。南方报业旗下的《21世纪经济报道》《南方人物周刊》《名牌》《21世纪商业评论》等报刊相继走向全国，其中很重要的原因就是与品牌报纸《南方周末》实现了分销商、广告客户资源的共享，即借助集团覆盖面广的分销渠道、强大的分销队伍以及一批实力雄厚的广告商、分销商，为新办报刊在短时间内进入市场、树立品牌创造了条件。

5. 提高报刊品牌战略的执行力，实现报刊品牌的增值和延伸

战略的意义不仅在于制定，更在于执行的效果。报刊品牌战略的执行力，

一方面体现在决策管理层对人力、资本和生产营销流程的控制能力，另一方面体现在战略是否落实到每一位员工并形成生产力。员工只有充分理解报刊的发展愿景，知晓报刊与竞争对手相比应该为读者创造什么样的价值，才能以自上而下的合力为报刊品牌创造价值。期刊的品牌战略除了内部执行力的提高以外，对现有的品牌资源进行合理的延伸，逐步形成品牌体系和多样化的媒体服务格局也是战略管理的题中应有之义。比如瑞丽近年来提出了"品牌延伸、媒体整合"的发展战略，形成了面向女性的时尚类"刊群"——《瑞丽服饰美容》《瑞丽可爱先锋》《瑞丽伊人风尚》《瑞丽家居》，前三本的发行量在同类杂志里均排名第一。目前，瑞丽依托其核心品牌，逐步向电子杂志、电子商务（B2C）延伸，从而锻造出一个基于核心业务的出版产业链，实现了品牌系统构建的良性循环。

6. 深化报刊的文化内涵，在增加报刊品牌的附加值上下功夫

报刊品牌是一个虚实共存的结合体。所谓"实"，是读者通过报刊内容所获知的具体信息，它以满足读者的信息消费需求为目的；所谓"虚"，是读者从报刊个性化标识和市场定位所体悟到的价值理念，它以建立读者对报刊的情感忠诚度为归属。如果没有报刊核心价值这根"红线"贯穿，所有的内容或者形式、技巧或者风格的问题，都将无所依托。建立报刊品牌的核心价值一方面要赋予读者有价值的信息，另一方面要使报刊的文化理念和价值追求为读者所认同，产生思想和情感上的共鸣，这种超越竞争的文化积淀和穿越时间的核心价值，才是报刊品牌经营的至高境界。

（原载于《传媒观察》2011 年第 6 期）

报办期刊如何以特色取胜

——以南方报业期刊经营差异化策略为例

在我国期刊业的发展过程中，社办期刊和报办期刊一直是期刊经营的两大主力，而近年来报业集团拓展市场空间的动力和品牌规模化经营的趋势，使报办期刊成为期刊市场的一大亮点。依托报业集团的品牌、内容、人力资源以及渠道优势，报办期刊总体数量不断增加，内容、形态等方面各显特色，为期刊经营的改革创新和期刊市场的繁荣发挥了积极的作用。那么，报办期刊如何才能在期刊市场竞争中形成鲜明的特色，在实现差异化经营的过程中要注意哪些问题？这是本文重点思考的问题。

一、期刊特色以追求差异化竞争为前提

期刊要办出特色，既是期刊经营者矢志不渝的追求，也是应对当前期刊同质化竞争的关键。办刊名家邹韬奋曾经说过："没有个性或特色的刊物，生存已成问题，发展更没有希望。"按照市场营销理论的解释，产品特色的形成是以差异化策略的实现为前提的，并遵循下列步骤：根据构成总体市场的不同消费者的需求特点、购买习惯，把消费者细分为若干相类似的消费群体，然后再针对不同的消费群体，从产品设计、分销渠道、价格政策和推销宣传等，采取相应的市场营销策略，使企业商品更符合各个不同消费者阶层和集团的需求，从而在整体上提高企业和产品的竞争力，并占领更多的市场份额。所以产品、价格、渠道和服务如何能够做到与众不同，并能以这种方式为消费者提供独特的价值是形成产品特色和实现差异化策略的核心。具体来说，差异化策略主要包括产品的差异化、市场的差异化和品牌形象的差异化等三个方面。

1. 产品的差异化

产品的差异化是指某一企业生产的产品，在质量、性能上明显区别于同类产品的生产企业，并能为消费者提供独特的产品和服务。而期刊产品经营的差

异化主要体现在出版内容和出版形态两个方面。期刊是知识的集合体，其主要价值在于所传递信息的广度与深度。期刊的质量和性能首先体现在围绕期刊定位所提供的独特的报道视角、丰富的信息和与众不同的观点。

2. 市场的差异化

市场的差异化是指产品的定位、价格、分销、促销以及售后服务等手段形成的与其他产品相区别的特征。而期刊的市场差异化是通过有针对性的读者定位、灵活的推销手段、周到的售后服务等具体的市场操作因素而生成的差异，大体包括销售读者差异、价格差异、分销差异、售后服务差异等。

3. 品牌形象的差异化

品牌形象的差异化包括两个方面：一是品牌视觉形象，包括基础元素、应用元素；二是社会形象，是指品牌在各种社会公众心目中确立的形象。就是说品牌形象的差异化既包括生动、鲜明、易于识别的品牌形象设计，也包括具有良好忠诚度的社会公益形象。而期刊品牌形象的差异化在相当长的时间内给人的感觉主要是期刊 logo、封面设计、版式风格等视觉形象的与众不同，但在同质化竞争环境下，期刊品牌作为产品标识的意义也日渐淡化。所以，能否给予读者不同的阅读体验和文化价值，在读者心目中树立起个性鲜明的期刊形象，成为期刊品牌形象差异化的关键。

二、南方报业期刊经营的差异化特点

南方报业传媒集团的市场化期刊经营始于 20 世纪 90 年代末。1999 年 10 月，根据报刊市场出现的新变化，南方报业传媒集团将有着四十多年历史的广东省对外宣传刊物《广东画报》更名为《城市画报》，使之成为一本以城市资讯为主、贴近市民生活、服务与新闻并重、展现历史与现实的新型画报。基于《城市画报》成功转型的启发和品牌拓展的需求驱动，南方报业的《南方周末》《21 世纪经济报道》《南方都市报》三大报系先后创办《mangazine | 名牌》《南方人物周刊》《21 世纪经济评论》《商务旅行》《南都周刊》等期刊，加上 2004 年划归南方报业管理的广东省委机关刊物《南方月刊》（后改名为《南方》），目前南方报业传媒集团已经拥有 7 家期刊，其中 6 家面向全国市场发行，在刊物定位、出版形态、读者定位等多方面各具特点，并在不同细分市场占据了重要的位置。其期刊产品既填补了期刊细分市场的空白点，也体现出独特的品牌

理念和个性追求，基本做到了合理分工、优势互补，实现了产品、市场和品牌形象的差异化。

1. 期刊产品的差异化

从出版内容上来看，南方报业旗下的期刊在新闻思维模式和选题策划方面均注重体现自己的特色。《南方人物周刊》以"记录我们的命运"为办刊宗旨，在人物报道中坚持不做审判者，而是做旁观者、记录者。在人物报道的选择上，既有精英人物思想的再现，也有普通大众生存状况和真实情感的反映；《mangazine｜名牌》恪守"不谄媚富贵、不流于表面、不单纯展示"的办刊原则，使其报道内容从一开始就和已有的时尚杂志形成了鲜明的区隔；《21世纪商业评论》关注个人、群体和组织的商业行为、商业利益、商业压力以及商业思想，其触角深入昭示商业趋势意义的事件和对经营具有启发意义的理念，较好地理清了商业与文化、生活的纠缠，从而使其观点既具有趣味又富于洞察力；《南都周刊》的新闻选题策划具有不按常理出牌的新锐、前沿的眼光和角度，并融合互联网开放、共享、多元的精神与理念，实现了与大众和社会的无缝链接。

从期刊的形态来讲，7种期刊包括了时政、人物、财经、时尚、休闲、娱乐等多种类别，布局交叉错位，并在封面的设计和图文编排方面均体现出鲜明的特色。此外，在文体写作方面也注重不同风格特色的打造，力求给读者以明晰的区分度。

2. 期刊市场的差异化

期刊读者定位的不同，会直接影响读者消费取向、对价格的承受力和销售服务的要求的差异。比如在价格差异方面，《mangazine｜名牌》在创刊之初，对目标读者群的生活习惯、消费习惯及能力、阅读需求进行了综合比较分析后，确立了高档的精英男性杂志的最终定位，28元的售价与市面上普遍流行的20元定价的男性杂志形成明显的区隔，其呈现的形态和品质也对这样的泛时尚定位提供了有力的保证。《城市画报》将核心读者定为国内大中城市25～35岁的年轻人，这部分都市年轻人是新生活的主要体验者，他们享受资讯、时尚、新闻与娱乐并重的生活。针对这样的读者群，《城市画报》在营销上更多地考虑到读者的接受度。比如在杂志的定价策略上，没有采取传统杂志的办法——先考虑盈利目标，然后制定价格，而是把从广告商那里获得的经济利益以低价出售杂志的方式部分让渡给了读者。所以原来96个页码的杂志定价只有

5 元，即使扩版以后变为 128 个页码，定价也只有 10 元，让读者感到物有所值。

在分销渠道的差异方面，南方报业期刊的分销渠道并不是全面铺开，而是围绕四大核心城市京、沪、穗、深的机场、地铁、超市、大型购书中心、四星级以上酒店、高级俱乐部、高尔夫球会所、国际品牌专卖店进行精准发行，同时依托南方报业传媒集团发行网以及《南方周末》等品牌报纸已有的客户和渠道进行高效覆盖。这样做的好处是节省了发行成本，在整合发行资源的前提下短时间内得到经销商和广告客户的认同。

3. 品牌形象的差异化

实现期刊品牌形象差异化的关键是反同质化，无论是哪种类型的期刊，要赢得市场的认可总得有自己的鲜明特色。比如同是财经类期刊，《21 世纪商业评论》和《商务旅行》的品牌形象就不同，前者讲究行而论道，希望起到一个"脑库"的功能。后者则是把商务活动和有品位的旅行"悦读"结合起来；同是时政类期刊，《南方月刊》偏重政策的解读和基层声音的反映，由此可以获知广东这个经济大省领导层的决策动向和发展动态。《南方人物周刊》则关注那些"对中国的进步和我们的生活产生重大影响的人、在与命运的抗争中彰显人类的向善力量和深邃驳杂的人性魅力的人"，其"平等、宽容、人道"的理念和源自内心的与人物和读者沟通的情感诉求，在获得读者较高品牌认可度的同时，也获得了业界的认可。同是生活时尚类杂志，《城市画报》把"快乐"作为行销诉求，提出"你快乐、我快乐"的广告口号。由于其秉承的理念就是快乐，而快乐又是 30 岁左右的年轻人的核心生活价值观，所以通过这个主题诉求吸引到了自己的目标读者。《mangazine | 名牌》杂志是中国唯一针对高端精英男性的泛时尚杂志，以开创中国的精英时代、缔造中国的精英阶层为己任。《南都周刊》则秉承"娱乐不在别处，生活就是看法"的理念，立志做一个看法提供商，为城市消费的主流人群提供娱乐的看法、生活的看法，兼顾公共与个人诉求，融合人文关怀与生活趣味。

三、对期刊经营差异化策略的再思考

差异化策略在当前日趋同质化的期刊竞争环境下无疑有着重要的现实价值，但差异化策略对报业集团并不具有普遍性，报业集团拥有的品牌资源、人力资源、渠道资源、客户资源以及把握市场机遇和经营期刊的能力都直接影响具体的经营效果。所以报业集团在实施差异化策略的时候，以下问题必须给予充分考虑。

1. 差异化策略是期刊自主创新活动而不是决策层规划预设、包办代替

迈克尔·波特曾在《竞争优势》中提到"从企业整体的角度是不能理解差别性经营的。差别化来源于企业所进行的各种具体活动和这些活动影响买方的方式"。就是说，差异化最终体现为办刊者对自身定位的独特理解和自主创新意识的发挥，以及与此相关的个性化的选题策划、内容编排和营销手段。南方报业在办刊过程中，始终坚持"谁主张，谁主办"的原则，给办刊者以较大的发挥度，集团只是提供办刊思路上的指导和资金方面的扶持，对期刊的具体经营策略从不干涉，从而激发了期刊的经营活力。

2. 差异化策略要以开发集团优势资源为前提

独特的资源优势是期刊差异化竞争的重要资本之一，期刊的市场空间永远属于那些能将资源优势转化为竞争优势的经营者。对于报业集团来说，其资源优势不可能体现在所有的专业领域，但可以在某些领域发挥特长。《南方人物周刊》创办不到五年就在人物类期刊市场赢得广泛的赞誉，关键在于其来自《南方周末》的采编管理团队，其中很多记者在国内人物报道领域享有很高的知名度。正是基于读者追踪知名记者的"定向阅读"的消费取向，使《南方人物周刊》在人力资源方面的优势很快转化为市场上的竞争能力。《南都周刊》的成功，与《南方都市报》的内容资源、采编团队和成熟的运营经验也是密不可分的。所以，从理论上讲，人人都可以办刊，但成功的办刊者肯定是与众不同的。

3. 差异化策略是对已有品牌的拓展和延伸

期刊品牌的形成非一日之功，如果能够借助已有的品牌影响力进行品牌延伸，可以大大缩短期刊品牌的成长期。南方报业传媒集团在发展过程中，曾提出"龙生龙、凤生凤"的多品牌发展战略，依托"南方"这一品牌不断拓展核心业务的经营领域，由集团到报系，由报系到子报、子刊，建立起拥有11家报纸、7家期刊、3家网站、1个出版社的品牌阵容。7家期刊除较早创办的《城市画报》和并入集团的省委机关刊物《南方》外，其余五家均为三大报系的延伸产品。这种品牌延伸的做法，不仅使整个集团的品牌价值得到提升，而且在集团内部形成错位竞争的良好态势。

4. 差异化策略是一个循序渐进的发展过程，要量力而行，不能盲目扩张

国内很多报业集团在差异化发展方面常见的问题是只想着抢地盘占山头，

报刊结构看上去定位有差异、品种很齐全，但经营能力和业绩乏善可陈。从南方报业的期刊结构可以看出，期刊创办的时间各不相同，体现出集团在办刊思路上始终坚持实事求是的原则，即根据市场需求和自身实力梯次推出，条件成熟一个办一个。要么不办，要办就要在某个领域"五年内成为国内领先刊物"，从目前的情况来看，应该说大部分期刊基本上达到了这样的战略目标。

5. 差异化策略应围绕来制定

差异化策略不是依靠经营者的主观喜好来设定的，最终取决于读者对期刊的定位、形态、内容、服务以及核心价值观的认同度、满意度。21世纪报系执行总编辑沈颢曾说过，要以不同的阅读场合、阅读背景、阅读对象来划分媒体产品，并设定市场范畴。所以，期刊经营的差异化必需充分考虑不同阶段、不同类型和不同层次的读者需求，要在赋予读者有价值的信息和有启发的观点的同时，使期刊的文化理念和价值追求真正为读者所认同，产生思想和情感上的共鸣，只有这样读者才会形成对期刊的忠诚度。

总之，差异化既包括选择，也包括舍弃。南方报业传媒集团所创办的期刊正是经过选择和舍弃的过程，逐步形成了自己的个性和特色。同时，差异化也是一个动态的过程，期刊只有持续地创新，不断地变革，才能在日趋激烈的竞争中将自身的比较优势转化为可持续发展的核心竞争力。

（原载于《传媒观察》2011年第10期）

内容创新篇

…… ……

在引导中寻求共识 在互动中构建和谐

——《南方都市报》"'假如我是市长'讨论"的报道特色

党的十六大以来，执政为民、以人为本成为新一届中央领导集体的执政理念。那么如何在实践中"实现好、维护好、发展好最广大人民的根本利益，保证人民群众共享改革发展的成果"，不仅是各级党委和政府的中心工作，也是新闻媒体在当前舆论引导中着力加强的重要内容。本着这一指导思想，《南方都市报》根据东莞市市长的建议，从1月20日至2月4日，在"珠三角新闻"板块以每天3~4个版的篇幅发起了"假如我是市长"的大讨论。讨论中涉及问题之广，参与人数之多，持续时间之长，社会影响之大，超出了政府和报道组织者的预料。其间，媒体尽桥梁之责，市民吐肺腑之言，政府得以真实地了解社情民意、吸纳民间智慧，创造出三方良性互动的传播效果，成为《南方都市报》近期新闻报道的一大亮点。

一、背景

为期半个月的"假如我是市长"的讨论，并不是一次单纯由媒体报道策划的新闻事件，其话题之所以能激发政府、公众、媒体的共同兴趣，其传播过程之所以能引起社会的普遍关注，是与讨论所处的现实背景分不开的。

首先，从政府的角度来讲，政府具有加强与媒体沟通、积极听取群众意见的良好愿望，这是提高党和政府执政能力、构建社会主义和谐社会的基本前提。党的十六届四中全会提出，加强党的执政能力，其中很重要的一点就是"通过多种渠道和形式广泛集中民智，使决策真正建立在科学、民主的基础之上。对涉及经济社会发展全局的重大事项，要广泛征询意见，充分进行协商和协调；对专业性、技术性较强的重大事项，要认真进行专家论证、技术咨询、决策评估；对同群众利益密切相关的重大事项，要实行公示、听证等制度，扩大人民群众的参与度。建立决策失误责任追究制度，健全纠错改正机制。有组织地广泛联系专家学者，建立多种形式的决策咨询机制和信息支持系统。"基于这一精神，东莞市政府在年底例行的经济运行情况通报会上，希望通过媒体加强与市民之间的沟通与联系，不断提高政府决策的民主性和科学性，共建和谐东莞。市长明确提议媒体开辟"假如我是市长"的栏目，为市民进言献策创造条件。可见市长的倡议和政府的推动使这次讨论成为一个全城性话题。

其次，从媒体角度来讲，加强政府与市民之间的沟通，为政府决策营造意见交流的公共空间，是媒体发挥其社会协调功能的重要手段。一方面新闻媒体可以及时地将政府的大政方针公之于众，让市民对决策内容和决策过程"看个明白"，从而使政府的决策为市民所知晓；另一方面媒体要为群众提供发表意见的"信息平台"，让群众对决策内容"说个清楚"，从而使政府的决策更好地反映民情、体现民意。而由媒体参与和组织的大讨论，可以有效地发挥其上情下达与下情上传的中介和桥梁作用，促进政府与公众在讨论的基础上达成共识。从近年来媒体的表现来看，由媒体行使的这一社会职能已逐渐转化为一种自觉的意识。

最后，从公众的角度来讲，公众有强烈的参政议政的现实需求。20 世纪 90 年代以来，我国公众的权利意识有了很大提高，参与公共管理的积极性明显提高。特别是在东莞这个外来人口超过户籍人口三至四倍的特殊环境下，公共资源的总体短缺与资源配置中的结构性矛盾日渐突出。处于相对弱势群体的外来打工者如何通过知晓和参与城市的公共管理，对自身的处境有正确的判断，进而维护自己的权益，就成为群众关心的迫切和现实的问题。对于普通人来说，知晓和参与公共决策最便捷和可行的渠道就是新闻媒体。通过媒体的反映来形成公众舆论，可以间接地实现公众参政议政的权利。正是基于这种广泛的公众基础，本次讨论经过报纸和网络的扩散，迅速激发了市民的参与热情，在社会各界引起了强烈的回应。

二、方法

通过社会讨论的方式来体察民意、引导舆论，是 20 世纪 90 年代以来很多报纸都采取的报道形式。比如《中国青年报》关于"姚丽事件"的讨论，《南方周末》关于中科院科技体制改革的讨论。但与以往讨论主要是针对个体事件的情况不同，"假如我是市长"的讨论，不仅在传播功能上立足政府公共管理中如何有效发挥新闻传媒的协同作用，在报道的内容上也几乎涵盖了当前群众关注的城市发展中的热点难点问题，同时在报道的操作上也体现出同以往不同的特点。

第一，及时把握报道时机，力争报道效果的最大化。无论是事件报道还是议题引导，把握报道时机很重要。这既取决于记者对事件由头的新闻敏感和价值判断，也涉及对报道内容现实背景的积极联想。事实上，本次讨论的起因只是市长的一个提议，能否"小题大做"，如何"借题发挥"，关键要看媒体的新闻判断力和实战经验。从东莞市长在例行的经济运行情况通报会上的建议，记者不仅敏锐地感觉到了政府改变工作作风、加强与群众沟通的信心和决心，同时联想到党中央新的领导集体倡导的以人为本的执政理念和广东"两会"提出的建设和谐广东的主题。正是凭着对事件由头的敏感和时政大局的把握，《南方都市报》在第二天就推出"假如我是市长"讨论专版，并编发了该报记者采写的"我很希望听到不同的声音"市长专访，在报道时间上占得先机。从舆论引导的角度来说，信息的流动性决定了公众对议题关注的暂时性的特点，媒体信息往往在最近时间内对公众产生的影响较大。因此，媒体通过议题的讨论来引导舆论，必须把握报道时机，选准报道切入点，可以在最短的时间内对公众形成吸引力和冲击力。

第二，合理设置讨论话题，突出引导热点问题。通过参与媒体讨论的方式是公众实现其政治参与的重要途径。但是由于参与讨论的人数多、议题涉及的范围广泛，如果眉毛胡子一把抓，不进行梳理归纳，就很容易分散公众对问题的注意力。所以媒体通过设置议题来引导公众参与讨论，可以使公众的注意力集中在某些社会问题上，也有利于媒体对讨论进程的把握和报道节奏的控制。因此，从讨论开始的第二天，《南方都市报》就从群众来电、来信所涉及的数十个话题当中，选取了"政府服务、投资环境、城市交通、规划建设、市政民生、文教卫生、社会和谐"等关系群众切身利益的七大类问题作为每日的"焦点话题"，欢迎大家对号入座、就事论理。与此同时，媒体还从群众反映的问题中，发现能够引起共鸣的热点话题，进行放大和扩散，形成吸引公众判断性意见的对象。在1月25日的"政府服务"话题讨论中，报纸推出了名为"金狼星"的网友的"努力打造文明、和谐的东莞"的长篇文章，文章就"假如我是东莞市长"提出七大"施政纲领"，当天在网上就收到60多篇跟帖。在1月26日的"投资环境"的话题中，既有专家的理性思索，有管理者的切身感受，也有普通读者的肺腑之言，最后达成共识"东莞应将'人才码头'升级为'人才基地'"从而为政府决策提供了建设性的思路。

第三，讲求多方互动，重视意见反馈。引导总是以平等的交流和对象的认同为前提的。由于议题设置是联系政府、媒体和公众的结合点，所以能否在报道的组织上使三者形成积极的互动，既是衡量议题讨论价值的标志，也是检验传播效果的重要依据。在"假如我是市长"讨论中，《南方都市报》不仅注重话题的展开，同时也注重话题的回应，体现出多方互动的特点：一是从传播主体来说，有政府和市民的互动（市长提议—市民参与；市民建言—市长回应），政府和媒体的互动（记者采访—市长详述执政理念），记者和市民的互动（市民和记者在媒体上交流"执政心得"）。特别是在2月4日刊登的市长对本次讨论效果的评价性意见和对群众反映问题的回应，真正使讨论的价值落到了实处。二是从传播形式来讲，充分运用电话、网络、报纸等多种传播渠道，进行全方位的交叉传播。在讨论一开始，报社通过与南方网的合作，在南方网论坛专区挂上醒目的链接，吸引网民参与讨论。在讨论过程中，报社对市民的意见及时进行电话回访，听取反馈，并就市民提出的问题联系有关部门作出解答。三是从传播内容来讲，问题报道与评论观点的互动。该报每天根据讨的"焦点话题"配发编者按，对话题进行分析和引申，指引市民更好地理解所讨论的话题。2月4日，《南方都市报》在社论版专门刊发本报评论员文章，对本次讨论的价值进行理论上的提升。文章认为这次讨论"通过意见表达和权利主张，完成了公共资源中话语权的一次调整性分配，部分地舒减了社会压力"。文章提出，解决城市化进程中人口与资源配置的失衡，仅仅依靠一次讨论是远远不够的，更需要政府从建设和谐东莞、人文东莞的角度来思考问题，与市民共建东莞美好的明天。

三、启示

"假如我是市长"的讨论是政府、媒体、公众针对东莞城市发展中的问题多方参与、沟通协商、寻求共识的过程，而媒体在这次为期半个月的连续报道中体现出贴近实际、贴近生活、贴近群众的参与意识、服务意识和创新意识，也为今后类似的报道提供了启示：

第一，新闻媒体要紧密结合党和政府的中心任务，为当地经济社会的改革和发展当好参谋。在具体的工作中要不断寻求党和政府的执政理念和群众呼声的结合点，在解决改革发展稳定中的突出矛盾，解决党和政府工作作风中存在的具体问题上下功夫，扎扎实实地推动当地的实际工作，积极为社会的改革和现代化建设创造良好的舆论环境。

第二，新闻媒体要把群众的思想实际和实际需求作为第一信号，认真反映群众的意见和呼声，为群众参政议政创造条件。在当前公共行政的政策导向逐步明确，公众民主参与的意识不断增强的社会条件下，新闻媒体在充分报道事实的同时，应以组织者的身份介入公共事务中，发起公众讨论，并采用公众易于理解和接受的方式，深入浅出地回答大家普遍关心的热点难点问题，以寻求解决问题的对策。这样才能更好地体现媒体的社会协调的功能和尊重人、理解人、关心人的人文精神。

第三，正确处理好新闻报道继承和创新的关系，认真探讨和体现新闻工作"贴近实际、贴近生活、贴近群众"的实践途径。一方面新闻媒体要继承和发扬"群众办报"的新闻工作优良传统，把群众的参与度和满意度作为评价新闻报道方式和检验新闻报道成效的重要标志；另一方面在报道内容上要紧扣群众的思想脉搏，在群众关心的热点问题上做文章，不断增强新闻报道的针对性、时效性和吸引力、感染力，在引导公众价值观方面真正发挥影响力。

（原载于《南方传媒研究》2005 年第 2 期）

开拓会议报道的创新空间

说到会议新闻，人们首先想到的是领导讲话和程序性的会议报道。这不仅是受众对会议新闻的刻板印象，也是部分编辑记者在实际操作中常有的惯性思维。会议新闻的这种状况，造成群众对会议新闻不愿看、不愿听，也让部分记者编辑在思想上存在写会议难、写会议烦、写会议新闻难出新意的认识偏差。

对读者来说，大家关心的不仅是开了什么会，在会上领导讲了什么话，更重要的是会议上是否传递了与群众生活有密切联系和对群众生活有重要影响的事实。当前会议新闻报道中一个突出的问题，就是在强调宣传政策指导工作的同时，忽视了按照新闻规律来报道新闻。在报道思路上重"人"不重"事"，群众关注的有价值的新闻事实经常被淹没在会议材料和领导讲话当中。再有就是会议新闻的报道内容比较单一，不注重会议信息的延伸。现在不少会议新闻经常是一事一报，不注意事件的关联度，不善于触类旁通。事实上，不少会议新闻透露出多方面的有用信息，涉及多方面的相关事件，如果记者和编辑不能从系统的、全局的观点来看问题，很多有价值的新闻就容易被忽略。

会议新闻报道的改革和创新主要涉及两个方面的内容：一是会议新闻的报道方式如何创新，二是会议新闻的报道内容如何创新。

一、在改革报道文风上，积极推进新闻报道方式的创新

报道文风的改革具体说来，就是要在标题上突出主要事实和数据。导语当中，会议只作为一个新闻由头，而不是片面强调会议本身的重要性，要体现出事实固有的新闻价值，同时在报道方式上要体现互动性。具体体现在报告内容和群众评议的互动上。比如在"两会"报道中，不要一味地照搬报告，而是将报告的内容分门别类，归纳成问题请代表进行逐条评议和解读；会场内与会场外的互动，会场内有代表的看法和专家的解读，会场外有群众的意见和建议；新闻事件和观点意见的互动，既要有相关会议的事件报道，也要有相应的新闻

评论；参会代表和记者的互动，通过走访会议上的重要人物，使群众对会议召开的背景和重要价值有更进一步的了解。

二、在报道的内容上，既要重视"人"，更要重视"事"

领导出席和会议内容的重要性并不是完全的正比关系。所以会议报道的重点应该放在事情上，而不是对领导的客套话上。如何在较短的时间内，将党和政府的大政方针和人民群众普遍关心的重要问题在媒体上反映出来，是成功报道会议的关键。

三、做好会议信息的延伸，把新闻做大

会议报道要善于做加法，报道一次会议，就要给读者尽可能多的信息。比如中央电视台在报道"全国劳动和保障工作会议"这一条新闻中，从中挖掘延伸出"我国完善社会保障体系试点工作取得成效""明年力争新增就业岗位八百万""全国社会保障基金资产总额超过 600 亿元"等 3 条让广大群众较为关注的新闻，使会议新闻的贴近性和针对性大大增强。

四、注重会议新闻价值的深化，把新闻做深

做深就是不要就事论事，而是要通过记者细心的观察和广泛的调查，对会议相关的新闻事件进行链接或深化，挖掘出事件和人物背后深层次原因，为群众理解和解决现实问题提供参考。记者经常抱怨缺乏新鲜的新闻由头和好的新闻素材，事实上，会议为媒体和新闻记者提供了最新鲜的新闻由头和丰富的新闻素材。通过对新闻由头和新闻素材的整合，可以为平时积累的零散新闻素材提供增值的机会。所以，在会议报道中，新闻媒体要尽可能使用消息、通讯、特写、专访、对话、新闻述评、图片、图表、背景链接等多种手段，借会议召开这一契机，形成新闻报道的集中效应和整体效果，使读者在有限的时间和空间内获得最大的信息量和阅读满足感。

（原载于《新闻与写作》2005 年第 5 期）

民生新闻的精神内涵与实践价值

作为一种新的报道理念和报道模式，民生新闻已经成为近年来新闻传播实践创新和理论探索的热点。民生新闻的兴起，既有"以人为本"的发展观作为当代中国社会公共价值观的宏观背景，也与近年来大众传媒探求新闻报道如何"贴近实际、贴近生活、贴近群众"的现实取向密切相关。从当前民生新闻的实践来看，业界无论是对其精神内涵的理解，还是报道原则的把握，都尚存在不少疏离和争议，一定程度上影响了民生新闻的实践效果。那么如何看待民生？如何看待民生新闻？如何看待民生新闻实践的前景？这是我们解读"民生新闻"需要澄清的基本问题。

一

考察民生新闻的内涵，先需弄清新闻报道的对象——"民生"的价值内涵和现实指向。对"民生"这个词大家耳熟能详，只不过未深究其中的含义。孙中山先生在《三民主义》"民生主义"第一讲中对"民生"有精辟的概括："民生就是人民的生活——社会的生存、国民生计、群众的生命便是。"[1] 在中山先生看来，民生问题不仅是人民的生活问题，还关系到社会的生存和发展问题。中山先生所说的人类求生存，并不只局限于衣食温饱，而是可以广义地理解为人类对物质文化生活的需求。这种来自群众的自发的、对更高层次生活需求的追求，是推动社会进步的真正动力。

中山先生提出的民生主义距今已有一百年，但他对"民生"的解读依然对我们理解现实的民生有积极的意义。

第一，民生不只表现在外在的物质诉求，也包括内在的多层次的社会需求。

---

[1]　孙中山：《〈三民主义〉民生主义第一讲》，http://www.southcn.com/news/，2005 年 3 月 10 日。

按照美国人本主义心理学家马斯洛有关划分需求的基本观点，人的基本心理需求可以分为五个层次，即生理需求、安全需求、归属和爱的需求、自尊的需求以及自我实现的需求。生理需求和安全需求属于低级的需求，归属和爱的需求、自尊的需求以及自我实现的需求属于高级的需求。前者是匮乏性的，容易满足，满足以后不再对行为有激励作用；后者是增长性的，不易满足，在长期内有激励作用，具有更大的价值。[①] 在现代社会，人的低级需求基本满足以后，对高级的需求更为迫切。

第二，民生不只是静态的存在，也是动态的过程，民生带有鲜明的历史烙印。不同的时代，不同社会的发展阶段，民生的内涵也是与时俱进。比如过去民生关注只是局限于人民低层次需求的满足。而现在民生关注的重点是公民的权利是否得到保障，公民的主体价值是否得到尊重。

第三，民生的变化，既体现在"民"的身份的变化，也体现在"生"的内容的更新。在传统社会中，"民"的身份更多表现为习惯于接受和顺从的"臣民"；在现代社会中，"民"更多的是具有主体价值并且热衷社会参与的"公民"。虽说一字之差，但指向大相径庭。

中国改革开放以来，随着社会民主化进程的加快，民生的内涵被大大拓展。党的十四大提出的建立市场经济体制，使中国进入了一个新的社会转型时期。市场经济肯定了个人利益的价值，承认逐利行为的正当性。人们在对财富和精神文化娱乐的追求中，社会参与的积极性也日益提高，公民的权利观念逐渐深入人心。党的十六大以后，党和政府在多次会议中都将民生问题放在突出位置，并以此作为检验执政党执政能力的重要内容。党的十六届三中全会提出要坚持以人为本、全面协调可持续发展的科学发展观，把深入体察人民群众的意愿，切实维护人民群众的政治、经济和文化权益，逐步满足人民群众各方面多层次的需求，促进人的全面发展和价值的全面实现落实到经济社会发展的各个方面。把"权为民所用，情为民所系，利为民所谋"的执政理念，体现在党和政府的大政方针中。关注民生，改善民生，唤醒公民的参与意识和权利意识，使其成为社会发展的动力主体，成为社会的主流价值观。而人民群众也在时代的感召下，开始认识自身的价值，维护自身的尊严，知晓自身的权利，并以主动的姿态积极参与到社会改革和发展的大潮中去。

---

① 《中国大百科全书·社会学》，北京：中国大百科全书出版社1991年版，第188页。

二

社会民生意识的觉醒始终伴随着中国思想解放的路程,对处在社会变革前沿的大众传媒的观念产生了积极的影响,也作用到新闻报道的内容和方式。从这个意义上讲,把民生新闻归结为近几年电视媒体的首创显然是不合适的。事实上,20世纪80年代以后新闻媒体的报道已经体现出关注"民生、民情、民意"的价值取向。"对群众的热爱与关切浸润于作品,对社会的责任和道义则毫不隐瞒地扛在肩上"的《羊城晚报》,关注普通人物命运的"冰点"的《中国青年报》,"心存国脉与民瘼"的《南方周末》以及标榜市民化、平民化的《南方都市报》,都在民生新闻的报道上进行了积极的探索,并产生了广泛的社会影响。而近年新闻媒体对民生新闻的热捧,除了大的社会背景外,更多的来自于新闻媒体报道实践创新的动机。新闻媒体希望从概念的界定、理论的提升以及操作的规范的梳理和总结,给民生新闻一个具体的说法。从目前的情况来看,对民生新闻的界定基本上局限于"站在人文关怀的立场,从最广大普通百姓的需求出发,用他们喜闻乐见的形式,播报、评说百姓关心的人和事,在反映百姓欲望、情感、意志的同时,积极为百姓排忧解难"[1] 的比较笼统的认识。与时政新闻、财经新闻、法制新闻、体育新闻和娱乐新闻相比,民生新闻的报道内容比较宽泛,并不具有上述新闻报道鲜明的专业性,在很多情况下是与其他报道领域互相交叉与融合。实际上,与其单纯界定民生新闻的特性,不如在报道实践的比较中明晰民生新闻的特性。

民生新闻与社会新闻有何异同? 社会新闻在传媒市场化的进程中曾经扮演了非常重要的角色。但对社会新闻的界定,学界一直存在着争议。有的从新闻报道范围的角度来进行归纳,如甘惜分教授认为,"社会新闻是反映社会生活中体现伦理道德的事件、社会风气、风俗民情以及自然界和社会上的奇闻逸闻的新闻";有的从社会学的研究对象来看待社会新闻的内涵。社会新闻涉及社会问题(婚外恋、吸毒、艾滋病、青少年犯罪)、社会事件(天灾人祸)和社会生活(民生疾苦)的各个方面,并且多以社会伦理道德为基础来反映社会风尚。

---

[1] 吕焕斌:《民生视角 本色表达 人文关怀 整合营销——湖南经视〈都市一时间〉的探索》,《中国广播电视学刊》2004年第6期,第28-30页。

从这个意义上来讲，民生新闻与社会新闻的报道对象具有某种同一性。在报道手法上，二者均通过记者现场调查、跟踪报道、暗访等灵活多样的方法采制新闻。此外二者也都讲求新闻的实用价值、娱乐价值、情感价值。

民生新闻与社会新闻的区别主要在于报道视角的差异，从 20 世纪 80 年代以来社会新闻的实践来看，社会新闻更多地从社会传播的角度来反映现实，更关注事件的过程，通过事件来反映人物的生存状况，目的在于让受众知晓每天所发生的光怪陆离的事情。它更强调新闻事件的"趣味性""反常性"。让《南方都市报》在深圳一炮走红的报道《老院长遭遇三陪女》可说是这方面的典型。而民生新闻更多地从受众的角度报道新闻，更关注人物的命运，通过人来写事，更多体现民生的视野、民生的态度和民生的情怀，目的在于通过新闻报道让受众知晓生存的价值。《羊城晚报》的《长夜里，这群潇湘卖花女》、《南方都市报》的《孙志刚之死》就是其中的代表。所以民生新闻更有人情味，体现了对弱势群体命运的关怀。所以说民生新闻与社会新闻既有联系，又有区别，是社会新闻的升华和发展。

民生新闻和时政新闻有何异同？从报道对象上看，时政与民生密不可分，一定程度上讲，民生就是最大的政治。特别在当前以人为本、构建和谐社会的执政理念下，关注民生、反映民情、体现民意本应是时政新闻的应有之义。同时时政新闻还要求从民生的角度来报道新闻。2003 年 3 月中共中央实施《关于进一步改进会议和领导同志活动新闻报道的意见》以来，新闻媒体为使新闻报道在内容上和形式上贴近现实、贴近生活、贴近群众，进行了富有成效的实践。从胡锦涛总书记与艾滋病患者握手，温家宝总理为农民工讨工钱等领导人活动的报道中，我们可以明显感受到其中浓浓的人情味。但总体而言，时政新闻和民生新闻毕竟不能完全等同。时政新闻报道对国计民生是一种宏观的视野和整体的观照，在事件和人物的报道中强调政策性和指导性，是通过自上而下的传播来影响公众。而民生新闻更着眼于具体的人和事，在事件和人物报道中强调服务性和人情味，是通过自下而上的传播来启蒙公众。当然，时政新闻与民生新闻并不是完全隔离的，《南方都市报》在 2004 年广东"两会报道"中，针对两会代表和委员关注的农民增收难的问题，专门采写了调查报告《一个贫困县的农民增收难题——"三农"问题成为两会热点，本报记者深入贫困县阳山调查农民增收中的困难》可以说是以民生视角来报道时政新闻的有益尝试。

民生新闻与公共新闻有什么异同？公共新闻是美国新闻界的"舶来品"，

其最初源于美国的选举报道，后来其涉足的领域迅速扩大到与公共生活相关的各个方面，并产生了广泛的社会影响。[①] 按照江苏卫视《1860 新闻眼》节目组的说法，公共新闻就是"在报道基本事实的同时，新闻传播者还以组织者的身份介入到公众事务中，发起公民讨论，组织各种活动，寻求解决问题的对策，使公共问题最终得到解决"。[②] 事实上，公共新闻与民生新闻的不同不在于报道内容的区别上，而在于报道方式的选择上。其特点主要表现为媒体设置议程、公众积极参与，通过社会各界的意见互动达成共识。从总体上讲，公共新闻与民生新闻难脱干系，只是反映民生的侧重点不同，民生新闻大多反映群众的生存状态，而公共新闻则突出了公众参政议政民主要求，有利于公众知晓公共事务，参与公共管理，进而提升自身的公民意识。类似的报道如《南方都市报》（东莞版）在 2005 年年初开展的"珠三角新闻""假如我是市长"的大讨论。其间，媒体尽桥梁之责，市民吐肺腑之言，政府得以真实地了解社情民意、吸纳民间智慧，创造出三方良性互动的传播效果。

三

由此可见，民生新闻既涉及报道的题材，也体现着报道的视角；既蕴含着报道的理念，也在新闻报道的实践中不断创新报道模式。那么，在当前中国社会转型的媒介环境下，民生新闻应该如何适应时代发展的要求，更好地发挥其在建设和谐社会中的作用呢？

第一，拓宽民生视野，树立民生意识，将"以人为本"的理念落实到具体的新闻报道当中。任何新闻都是关于"人"的新闻，任何新闻报道都与现实的人的利益密切相关。所以在新闻报道中，要把尊重人的价值，体现人性化的追求作为新闻报道的评价标准，使新闻报道更加贴近实际、贴近生活、贴近群众。

第二，突出民生热点，反映民生难点。民生热点、难点之所以成为问题，除了事件自身的影响力外，最重要的是与群众的眼前利益或长远利益有密切的联系。就我国的现实情况来讲，有关系国计民生的，如惩治腐败、教育体制改革、住房制度改革和医疗制度改革等热点问题；有人们普遍关心的、亟待解决

---

① 蔡雯：《美国新闻界关于"公共新闻"的实践与争论》，《新闻战线》2004 年第 4 期，第 78 - 80 页。

② 张恩超：《从民生新闻到公共新闻》，《南方周末》，2004 年 11 月 4 日。

的社会问题，如"三农问题"、下岗再就业、消费者权益、食品安全环境以及环境污染等难点问题。反映民生归根到底是为了促进这些热点、难点问题的解决。反映民生要防止片面化和简单化，准确地把握反映事实的"度"。对重大的原则问题旗帜鲜明；对敏感热点问题要及时疏导，避免炒热；对涉及群众利益的问题，要有针对性地释疑解惑，引导群众正确认识形势，看到光明的前景，积极参与和支持改革，自觉维护社会稳定。

第三，倾听群众呼声，保障和维护公众的权益，按照公众的要求进行有效的舆论监督。公众是舆论监督的主体，新闻媒介是公众实现其社会管理权利的重要手段，影响并参与公共决策是公众和媒体进行舆论监督的共同目的。新闻媒体要想做到充分地、全面地、真实地反映公众的意见和呼声，就不能回避矛盾，而是要从社会和公众的现实需求和整体利益出发来反映公众的需求。

第四，提升民生新闻的现实价值，不断创新民生新闻的报道方法，增强民生新闻的社会影响力。新闻媒体在报道民生状态的同时，更要为群众提供发表自己的意见的"论坛"，让群众对决策内容"说个清楚"，从而使政府的决策与群众的意见在讨论中达成共识。在议题设置的过程中，要坚持"从群众中来，到群众中去"的原则，避免"推定效果"。同时议题的讨论要选择适当时机，力争报道效果的最大化。这不仅是报道方式的创新，也是体现公众参政议政权利的重要责任。

第五，反对民生新闻庸俗化、娱乐化现象，确立健康向上的民生新闻观。要树立民生新闻的选择标准，正确理解和判断民生新闻与其他新闻报道的异同，杜绝以民生新闻之名、行低俗新闻之实的现象。

（原载于《南方传媒研究》2006 年第 1 期）

大事件推动新闻报道大突破

——广州纸媒"5·12汶川大地震"报道综述

汶川地震,华夏同悲,灾情牵动所有人的心,灾区成为新闻媒体的主战场。2008年5月12日,汶川大地震发生当天,全国媒体记者闻讯而动,以新闻人特有的专业敏感性从四面八方赶往灾区。广东的新闻人也来不及拭去眼中的泪水,在第一时间全力以赴到达抗震救灾的现场。与此同时,广州地区的各家报纸增出号外、报头染黑、娱乐副刊停刊、"义卖"活动接踵展开,一篇篇激扬文字的深情报道,一组组感人至深的震撼镜头,记录着灾区的残垣断壁、人间真情,也体现着广东媒体从业者的职业精神和人文关怀。广州地区报纸在大地震中凸显的报道观念、报道内容和报道形态,也给读者留下深刻的印象。近日,暨南大学新闻与传播学院部分师生召开座谈会,就"四川汶川大地震"中广州地区主要报纸的新闻报道创新进行了专题讨论。

一、创新报道理念 凸显媒介责任

灾难性新闻不仅是公众衡量政府信息公开度和透明度的有效参照,也是新闻媒体显示其新闻整合能力和创新能力的重要报道题材。但是在很长一段时间内,由于局限性,中国的灾难性新闻在理论上备受争议,在实际操作中困难重重。在四川汶川大地震这一巨大的灾难面前,前所未有的新闻开放环境,突破"正面"与"负面"新闻樊篱的观念创新,在新闻报道中得以充分的体现。

观念是人类思维活动中非常重要的因素,观念的形成和变革对实践活动有着巨大的影响力。这次地震报道与以往灾难性报道的明显差别,就是报道观念的变化:一是报道重点的变化,由过去主要报道党和政府、领导、军警救灾的情况,转向更多地关注地震中的遇难者和被救者。二是报道模式的变化,以往在报道中多是树立英雄人物的典型报道,这次是用更多的版面去体现灾区的普通群众,体现了报道对象的平衡选取。三是报道取向的变化,以往灾害报道多是关注灾情本身，就事论事，媒体似乎只是旁观者，而这次地震中广州各大报纸积极赶赴灾区，主动发掘在残酷悲痛的灾区下弥漫的人性，遇难者家属的哀痛、被救者的感恩、施救者的努力等，让远在灾区千里之外的读者动容。四是从反思问责到凝聚人心。过去在灾害报道中非常注意政治动员和对灾害的反思问责，而这次媒体从一开始就引导大家对于灾情的关注，凝聚人心、齐心协力去救助灾民。对灾难的报道由前期对灾情和救援情况的关注渐渐转移到灾后预防次生灾害以及必要的心理干预等，体现了报道的全面性。而对灾情本身报道的分量与对救灾本身的关注，保持了比较平衡的报道。这是与以往的灾难性报道只有救灾没有受灾是有很大不同的。

本次广州地区报纸赈灾报道的观念创新首先体现在打破出版流程，新闻时效得到前所未有的重视。广州各家报纸在全国媒体率先行动，增出号外、采用黑色报头、暂停副刊等一系列举措体现了强烈的人文关怀。地震次日，《南方都市报》增出8个版面的号外"震撼中国"，消息及图片截稿于当晚7时，及时迅速地让广州读者了解到汶川地震的情况；5月14日，《南方都市报》率先采用黑色报头，"国难当前，暂以一天为限莫谈闲逸娱情"，暂停副刊及消费类等城市杂志，编辑部刊发"告读者书"——《今天，让我们在心中为他们"降半旗"》，并邀请时评作者留言著辞，以"天佑吾民"在评论版刊载；16日，刊登学者评论《建议以5月19日为全国哀悼日》；19日起三日报纸版面均采用黑白处理，一系列新闻创新操作皆体现了《南方都市报》报道的创造力和公共建言力。

值得一提的是《南方周末》改变了周报的出版周期，以日报的操作模式出版号外，其报道方式采用进行式而不是惯常使用的完成式报道。号外以"逼近震中"为主题，在第一时间报道记者沿北川—都江堰—成都—绵竹—什邡—雅安的采访路线在灾区的所见所闻，用记者身临其境的观察和体验让读者感受地震后灾区的情况。

图1　《南方都市报》5月13日号外　　　图2　《南方都市报》5月14日黑色报头

图3　《南方都市报》全国哀悼日头版

图 4　《南方日报》5 月 19 日头版

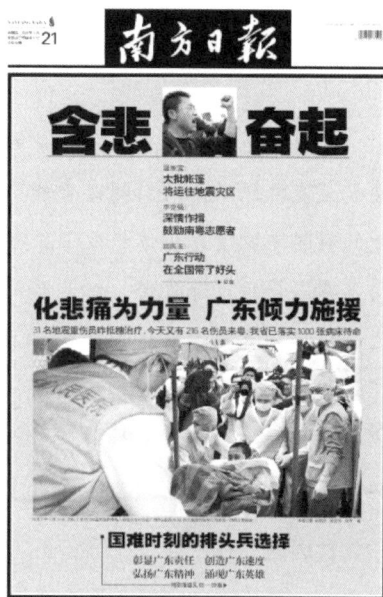

图 5　《南方日报》5 月 21 日头版

图 6　《南方日报》5 月 15 日 A02 版

"汶川强震　华夏同心"

图 7　《南方日报》5 月 21 日 A02 版

"拭干悲伤泪　奋起纾国难"

二、创新报道内容　发挥整合效应

汶川大地震不仅是公众瞩目的大事件，也是新闻媒体关注的焦点。而大事件是最能体现媒体的新闻整合能力和创新能力的战场。在本次震灾报道中，开放的新闻环境使各媒体打破了原有的层级和地域限制，大家同处于一个起跑线，均享有同等的报道机会。但是面对海量的信息，新闻报道能否体现出不同的特色和优势，取决于报道内容的独家视角和独特观察。在汶川大地震的报道中，广州的报纸依据新闻的基本事实，展开多角度、多层次的立体报道，全面深入地反映新闻事实的诸多层面及全貌，不仅赢得了读者的关注，也产生了良好的社会影响。

杜远远：在地震发生后，各方面的信息汹涌而来，不做好信息资源的统筹使用，呈现在版面上将是繁杂无序的状态。《南方日报》在地震次日推出"汶川强震　华夏同心"系列专题报道，全国哀悼日后，推出"拭干悲伤泪　奋起纾国难"系列专题报道。报眉统一用黑体突出而醒目，庄重而严肃。《南方日报》在整个报道中，充分做好信息资源的统筹运用，各个版面主题鲜明，内容安排井然有序、层次分明。在统一的报眉下，每个版面又再次进行内容分工，具体划分为"震波""现场""释疑""评论""连线"；紧接着在随后几天的报道中，推出"守望""向着汶川""救援""现场""赈灾""反应""感动"等多个版块。而在日常的"南方文化""广州新闻"部分，加大地震新闻的篇幅。大气得体的版面下更深层次反映了报纸信息整合的水平。

张宴：《南方周末》在地震报道中在以下几个方面令人印象深刻：①在评论方面，《南方周末》充分体现了媒体的社会公器的作用。《南方周末》5月15日评论版第一版方舟评论《我们在地狱边上　但是我们没有颤抖》，起到凝聚人心的作用；评论力度大，评论版用了很多篇幅评论震灾，其中E30、E31全版评论。②实用性强：第二、第三版以"大灾当前，我们如何作为"为主题，提出增加民间参与和日本抗震救灾经验。③具有前瞻性：从版面来看，时局版增加了"府院新闻"这一栏目，提出住房和城乡建设部震后建筑分析的问题以及评论民政部的救灾工作。

刘贤臣：5月20日起，《南方都市报》连续三天推出大型系列报道《学·殇》，"关切那些饱经劫难亟待抚慰的幼小心灵，悼念那些还未绽放就已陨落的生命",关注在地震中受损的中小学校及学生生活及心理状况,体现媒体的关怀。《羊城晚报》现场报道的篇幅比较充足。从 13 日起,以"汶川大地震 全国大救援"为主题连续报道,并细分为"共渡难关""军民同心""打通西线""驰援北线""大爱天下""地震释疑""南粤真情"等版分类报道;19 至 21 日,停刊广告,策划了"汶川大地震 华夏同哀悼"的主题报道,全景式披露灾害救援情况,重点关注受灾群众的生活安置与心理抚慰;19 日,用六个版面推出地震图集——"影像祭",以黑白照片再现震区现场,极具感染力。

康茜: 从整个报道的理念来看,《广州日报》立足于全方位、全进展、多角度、更立体的创新理念着手报道。其一,《广州日报》对震情较为严重的地区分别开辟了专版,如汶川大地震——拯救北川、汶川大地震——映秀突围等专版,均通过大幅多张图片和总体概况以及个体特写的报道手法相结合,不仅涉及多个灾区详细的介绍,同时各个版面有机结合为一个整体,给读者呈现了全方位报道。其二,在 5 月 13 日至 21 日期间,《广州日报》对震情的动态、震后的救助、震后次生灾害、震后重建的设想等更为关注。从解放军战士空投到打通道路进入震源地区的救援动态;从发现废墟下的生还者到救助成功的实况还原;从灾民安置到震后捐助的细节入微,都进行了全面进展式的追踪报道。其三,在报道灾情的惨重情况以及救援工作有序进行时,《广州日报》不仅采取了整体的大局报道,而且对其中的个体进行了特别报道。对国家领导人、解放军战士、痛失亲人的家属、被救援成功受灾者等不同特征的个体分别进行了相关的突出报道;同时加入对地震知识、地震成因、余震情况、震后灾害等系列知识的解读,给受众一个清晰的多角度的震情展示。其四,《广州日报》的报道更为立体化。多幅的系列图片展示了不同的相关主题,与饱含人文关怀的文字说明相配合,使震时、震中、震后的实际情景立体地凸现于读者视野。

冯仕妍: 纵观这次报道,《广州日报》最为突出的创新应该是在报道内容和报道方式上。《广州日报》开设了"总理身影"专版,对温家宝总理在灾区的情况进行了全面的报道,详细地给广大读者介绍了温总理在灾区的一言一行。但是该专版摒弃了过去报道中央领导人过于有板有眼的呆板模式,而是以更有人情味的报道方式进行叙述,例如将总理的行程以路线图的方式表现出来,更加透明和可信。此外还有对总理语录的专门报道和总理探望受灾人群的温情报道,这些报道都是以人的角度出发,向读者展示了一个温情的总理形象。

三、创新报道形态　强化传播效果

在信息海量和新闻同质化的背景下，通过版面形态的变革和传播形式的创新，可以大大增强新闻的传播效果。在这次地震报道中，广州地区报纸充分运用图片、图表等版面元素，有效发挥报网互动的技术优势，不仅丰富了报道形式，提升了视觉效果，而且报纸形态的内涵更为深刻。

黄宗治：《南方都市报》在策划报道的视觉观念方面进行了创新。《南方都市报》于 5 月 19 日推出地震回顾特刊《七日祭》，以受灾人物为新闻叙事主线，穿插"视觉·记忆"图片集，多采用跨版图片的视觉编辑方式，全景展现地震七日间的事态发展；同时在南都网上，重点推出集图片、视音频一体的电子杂志式数字报精华版《震·恸》（航拍图集 + 100 瞬间）、《成都！成都！》等，极具视觉冲击力和震撼力，也体现了平面媒体借助网络媒体实现多媒体外延的创新操作。

张宴：《21 世纪经济报道》对 5·12 汶川大地震的报道体裁多样，有消息、通讯、特稿、人物专访等，各种体裁灵活运用，形式多样活泼。尤其消息类，虽然篇幅较长，但由于记者在一线的亲身经历，所见所闻所感，以及采访核心信息源，体现了新闻的真实性。同时，采用小标题形式将消息分成几个部分，使长消息显得更加活泼，增强其易读性。报纸头版的大照片具有较强的视觉冲击力，这是与以往作为严肃商业类报纸最大的不同；新增图片专题"汶川地震全景"，从各个角度反映了灾区受灾的各种情况，及时统计最新人员伤亡数据，以大图片展示了抗震救灾的全貌。其网站滚动报道，有效地补充了报纸媒体时效性的不足。同时在报纸上设立"今日 cbh.com"和热点排行，是典型的报网互动，通过报纸促进读者对网络更多最新信息的了解。

康茜：《广州日报》注重报网之间的互动，用一个专版反映网民的心声、建议和对灾区人民的祝福，为网民提供了一个良好的舆论空间；侧重对地震中细节的报道，《广州日报》多采用叙述式的小故事以及日记体式的表述，使灾情中人物的细微故事更具真实性与情感性，力争以情动人、以细节取胜；开通了义务寻亲栏目，或是专门开辟了寻亲专版，并公布了捐款方式、实时捐助情况，同时呼吁广大读者收养地震中的孤儿。这些内容与举动充满了人文关怀的韵味，为受众搭建了与社会互动的平台，形成了媒体与受众之间的合力沟通。

图8　《南方都市报》特刊《七日祭》

同时，《广州日报》选取了大量有强烈视觉冲击力的图片，注重突出图片中主体的表情和动感，使图片自身即为抢人眼球的新闻事实，用图说话，客观性和可视效果尤为突出。《广州日报》对汶川地震的报道是一个不断发力、不断调适、不断突破旧规则的过程，在求新求变的今天，《广州日报》作为广州党政机关报的代表，做出了自己的风格，做出了独特的创新。

广东新闻人奋战在抗灾的第一线，他们真实记录灾区一幕幕触目惊心的救援场景，及时反映了抗震救灾和救援行动的最新进展，温暖了灾区群众伤痕累累的心田，把无数颗素不相识的心紧紧连在了一起。当前，抗震救灾已经进入了善后阶段，报道的重点已经转移至灾后重建，视角开始关注赈灾善款的使用、建筑防震标准等，报道将延续很长的时间。广州地区报纸在这次地震报道中体现出的浓厚的人性关怀，以及在新闻报道观念、内容和形式的创新，对于我国灾害报道的不断发展完善，对于新闻发展进程具有重要的价值和意义。

四、创新引导模式　激发参与热情

在本次地震报道中，充分而多样的信息传播只是吸引公众关注的前提，报道主要的目的是积极动员全国人民为灾区献出爱心，积极引导社会各界参与抗震救灾活动，有效地发挥传媒的社会整合功能。

地震发生后，广州媒体充分发挥信息集散枢纽的作用，一方面组织优秀记者赶赴灾区报道，另一方面充分担当起媒体社会责任，迅速整合社会救灾力量，发起各项赈灾义捐、救助活动。时逢南方报业集团十周年之际，集团领导果断决定取消庆典活动，将更多的力量投入抗震救灾的报道中。同时，南方报业集团全面启动了南方报业"媒体公民社会责任系列活动"，携手广东省慈善总会、广东省红十字会、广东省劳动与保障厅、四川驻广州办事处、广东省青少年发展基金会等单位，分别发起"南方赈灾专项行动""南方寻亲行动""南方救孤行动""义捐药送灾区百万爱心行动"，再在《南方日报》《南方都市报》发起的义卖活动的基础上，于18日发动集团千名员工走上街头，开展集团所属《南方日报》《南方都市报》《南方周末》《南都特刊》《21世纪经济报道》义卖活动，所得款项全部捐献给地震灾区。

冯仕妍：《南方都市报》、奥一网联合广东省劳动和社会保障厅、深圳市劳动和社会保障局发起倡议，呼吁广东尤其是珠三角企业给灾区同胞一份工作，

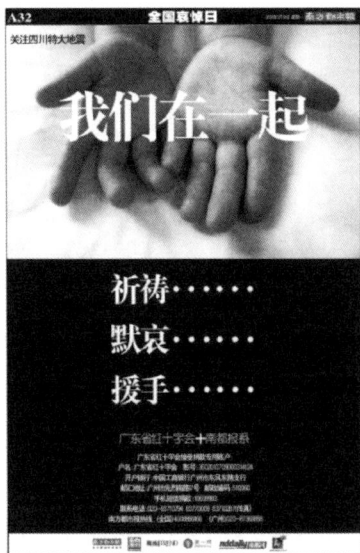

图9　南都爱心联盟

图10　羊城晚报报业集团赈灾公益广告

启动"南方找工行动"，通过牵线解决异地就业，力助灾区重建，为灾区因为地震失去家园和工作的人解决就业问题。启动"责任中国·南都爱心联盟"，号召爱心企业和公民积极参与物资或款项捐赠。

康茜：《羊城晚报》5月14日在A2版刊登公益广告，启动报业集团成立十周年"地震无情，羊城有爱"公益月活动；18日，组织"翰墨寄真情，挥毫献爱心"广州书画家赈灾挥毫活动，联合地产集团及广东慈善总会启动助孤工程，呼吁更多企业参与专项捐助；18日至25日，在广州市内商业广场和高校巡回展出"震撼中国心"汶川地震抗灾图片展，通过影像力量的传递，让人们感受灾区现场的震撼，展现人性之美。

（原载于曹轲主编：《南方传媒研究·第十三辑：灾难新闻》，广州：南方日报出版社2008年版）

社会转型时期正面人物宣传报道的变革取向

观察一定时期的新闻传播活动，离不开对现实传播环境的考察。新闻媒体所处的社会环境的发展和变化，直接从传播观念、传播机制和传播模式等方面影响着新闻报道的观念、形态和社会效果。自20世纪40年代以《解放日报》为代表的党报宣传体制形成以来，正面人物宣传报道一直是党和政府用来加强组织建设、进行社会动员、有效引导舆论的重要手段。典型人物具有的"示范的力量""榜样的力量"以及"典型领路"功能在中国革命和社会主义建设时期产生过巨大的精神动力，激励和鼓舞着一代代人为寻求正义和理想而奋斗。但是伴随着社会的发展和政治、经济以及传媒环境的变化，正面人物报道的观念和形态也在发生着变化，人物的形象也折射出鲜明的时代特色。改革开放以来，特别是以党的十四大和邓小平同志南方讲话为标志，中国进入了新的社会转型时期。其标志是：中国社会正在从计划经济社会向社会主义市场经济社会转型，从农业社会向工业社会转型，从乡村社会向城镇社会转型，从封闭、半封闭社会向开放社会转型，从同质的单一性社会向异质的多样性社会转型，从伦理社会向法理社会转型。[①] 社会结构状态的整体转型释放出巨大的能量，在推动社会进步和经济发展的同时，也使人们的思想观念、价值观念和思维方式发生了很大的变化。

对于社会发展的忠实记录者和积极引导者的新闻媒体来说，同样也伴随着社会的结构转型发生了巨大的变化。大众传媒的革命性变化，首先带来的是新闻业务层面的变化，新闻报道成为中国新闻改革的前沿阵地，而人物报道又成为新闻报道观念与形态创新最直接和最重要的领域。那么，在新的历史发展时期，人物报道的社会发生机制到底有哪些变化？影响人物报道观念、形态变化的包括哪些主要因素？厘清正面人物报道的社会发生机制、时代背景以及相关要素，对于把握正面人物报道的嬗变特点，推动正面人物报道水平的提高有着重要的现实必要性。

---

① 袁方：《中国社会结构转型》，北京：中国社会科学出版社1998年版，第27－28页。

一、正面人物宣传报道的制度性因素

作为一种新闻报道理念和报道模式，正面人物宣传报道的形成与发展不是一种偶然的孤立的现象，而是一定时期的社会关系在人们头脑中的反映。其传统的延伸和形态的变化可以折射出社会转型时期多种因素的影响。就我国的具体情况来说，政治、经济以及文化等方面的制度性变化，是推动正面人物报道变革的重要力量。

1. 正面人物报道的政治导向

正面人物报道是党提出的坚持正面宣传为主方针的具体体现，其原型就是典型报道。这一报道模式早已成为党的新闻工作的重要内容之一，并且在树立榜样、鼓舞干劲、凝聚人心和引导舆论等方面发挥了积极作用。党的十四大以来，中央领导在讲话中多次强调典型报道对于党的事业发展的重要性。在1996年召开的全国宣传部长会议上，江泽民同志指出："我们要继续宣传在各条战线上涌现出来的优秀党员、优秀干部和劳动模范，同时要加强舆论监督，适当选择一些搞歪风邪气的典型，给他们曝曝光，有的还要绳之以法。"①

2007年10月，胡锦涛总书记在党的十七大报告中，把建设社会主义核心价值体系作为增强社会主义意识形态的吸引力和凝聚力的重要内容，指出："社会主义核心价值体系是社会主义意识形态的本质体现。要巩固马克思主义指导地位，坚持不懈地用马克思主义中国化最新成果武装全党、教育人民，用中国特色社会主义共同理想凝聚力量，用以爱国主义为核心的民族精神和以改革创新为核心的时代精神鼓舞斗志，用社会主义荣辱观引领风尚，巩固全党全国各族人民团结奋斗的共同思想基础。"② 这不仅社会主义精神文明建设的纲领性文献，也是做好当前新闻报道工作的指针。

回顾十四大以来党的新闻宣传工作的政策变化可以看出鲜明的政治导向，就是新闻报道要坚持正面为主的方针，要从群众中来到群众中去，要"贴近现实、贴近群众、贴近生活"，要有利于推动社会主义核心价值体系的建构，起到凝聚人心、引领风尚、鼓舞干劲的作用。这种指导思想使新闻媒体的典型报道

---

① 中共中央文献研究室编：《十四大以来重要文献选编》，北京：人民出版社1997年版，第1676页。

② 《人民日报》，2007年10月24日。

或人物报道带有明显的自上而下的政治传播色彩。孔繁森、张鸣岐、李润五、任长霞、郑培民等典型人物的出现，体现了这种政治导向。

2. 正面人物报道的市场导向

党的十四大确定我国要建立社会主义市场经济的体制以后，新闻媒介面临的现实状况发生了很大变化。结合我国社会政治经济生活的实际，促使新闻媒介对自身属性进行重新审视，并逐步在媒介的双重属性的问题上达成共识："新闻事业就它生产带有强烈的意识形态的精神产品来说，属于上层建筑领域；但同时，就它为全社会提供经济活动和人们生活必不可少的信息、知识和娱乐来说，属于第三产业。"① 对新闻媒介特性的重新界定，使新闻传播在观念上发生了巨大的变化，即从过去的"传者为主"逐步向"受者为主"的方向转型。以传者为主是计划经济时代的产物，以受众为主则是与市场经济相对应的新闻传播观念。

社会转型不仅带来受众观念的改变，也对新闻报道的价值取向带来了新的冲击。在计划经济时期，典型报道基本上是主题先行的自上而下的宣传，典型人物带有鲜明的政治色彩。社会结构转型带来的市场导向，体现出时代呼唤先进人物的实践色彩，直接影响正面人物报道的价值取向。

3. 正面人物报道的文化导向

新闻事业既是社会主义文化建设的重要组成部分，也是社会主义文化建设的重要推动力量。特别是在社会转型时期，新闻事业更是担负着强化思想、道德建设，在全社会形成和谐、进取良好氛围的重任。党和政府一贯重视社会主义文化建设，江泽民同志在庆祝中国共产党成立80周年大会上的讲话中指出，社会主义文化的根本任务，"是培养一代又一代有理想、有道德、有文化、有纪律的公民。要坚持以科学的理论武装人，以正确的舆论引导人，以高尚的精神塑造人，以优秀的作品鼓舞人"②。

胡锦涛总书记在党的十七大报告中明确指出，社会主义文化大发展就是要"切实把社会主义核心价值体系融入国民教育和精神文明建设全过程，转化为人民的自觉追求"，通过建设和谐文化，培育文明风尚。具体来说，就是要"大力弘扬爱国主义、集体主义、社会主义思想，以增强诚信意识为重点，加强社

---

① 李良荣：《十五年来新闻改革的回顾与展望》，《新闻大学》1995年第1期，第3-8页。

② 江泽民：《在庆祝中国共产党成立80周年大会上的讲话》，《人民日报》，2001年7月2日。

会公德、职业道德、家庭美德、个人品德建设，发挥道德模范榜样作用，引导人们自觉履行法定义务、社会责任、家庭责任"①。

作为社会主义文化建设的积极推动者——新闻媒体，要在新闻报道中，按照社会主义核心价值观涵盖的内容，积极而真实地反映社会生活中人们的行为取向及对事物的评价、态度。在报道方式上，要充分考虑社会转型时期群众平等交流与情感互动的需求，将现实生活中涌现出来的生动感人的事件凝练成群众共同认可的普遍的价值标准，这样才能使正面人物报道成为感染人们行为的动力和导向。

二、正面人物报道的媒介因素

在一定的社会形态中，作为观念形态的新闻传播与社会发展存在相辅相成的关系。媒介社会功能的确立与发挥是与一定社会的政治经济发展水平相适应的，在不同的社会发展阶段具有不同的社会功能，这种差异也体现在我国社会的转型过程中。

在计划经济时期，新闻传媒的社会功能是以宣传、教育和动员为主，新闻传播中占主导地位的是自上而下的以政策性、指令性信息为主的传播。在具体的新闻报道中，满足党和政府的政治动员的需求成为影响传播功能的重要因素。特别是在焦裕禄、雷锋、王进喜等人物典型报道中，这种特点体现得更为明显。李良荣在总结计划经济时期典型报道的特点时，有过这样论述，"从新中国成立到'文革'前的 17 年，报纸上宣传的典型可以用两句话来概括其总的特征：他们基本上属于艰苦奋斗、埋头苦干型，属于自我修养的道德完善型。他们在和自然界的斗争中，是奋不顾身的；他们在社会冲突中，往往是克制自己、牺牲自己，所谓'狠斗私心杂念'，直到消灭个人的任何欲望，服从既定的社会规范，成为道德上的圣人。这两个特征深刻地反映了当时中国的政治、经济、文化上的特征"②。

党的十四大以来，伴随着中国社会的结构性转型，媒介属性和功能的变化，体现在新闻报道不仅要满足自上而下的政治需求，也要满足自下而上的受众需

---

① 胡锦涛：《在中国共产党第十七次全国代表大会上的报告》，《人民日报》，2007 年 10 月 24 日。

② 李良荣：《中国报纸的理论与实践》，上海：复旦大学出版社 1992 年版，第 99 页。

求。在这种情况下，正面人物报道的外延大大拓展，人物形象和报道观念都开始了向多元化的转变。1994—1995 年，《中国青年报》的"冰点"专版、中央电视台的《东方时空》节目的"生活空间"栏目，将平民化、生活化的普通人物纳入新闻人物报道的视野，开创了人物报道的"平民意识"。各类媒体上经济界的风云人物、改革意识超前的政府官员、知识界的公共人物以及商界成功人士等多元化的人物形象大量涌现。与此同时，典型人物报道依然备受重视，苏宁、徐洪刚、徐虎、孔繁森、李素丽等典型人物报道，贯穿了整个 20 世纪 90 年代，成为新时期人们学习的先进楷模。

进入新的世纪，"以人为本"不仅成为党和政府的执政理念，也成为指导新闻工作的具体方针，特别是在人物报道方面的新探索激发了受众的新的热情。2000 年，国内享有较高知名度的平面媒体《南方周末》推出了"年度新闻人物"评选。2002 年，中央电视台策划推出了"感动中国"人物评选节目。这两个事件，在全国范围内引发了受众的广泛参与，一些社会公共领域的人物报道引发社会持续关注。在正面典型人物报道方面，中央媒体与地方媒体合力所进行的一些典型报道，包括许振超、任长霞、牛玉儒等，以平民化的报道视角、网络媒体与传统媒体的积极互动等，也在受众中产生了较大的反响。人物报道成为社会转型时期公众了解社会各界标杆性人物的主要渠道。

回顾这一时期新闻媒体人物报道的实践，我们可以清晰地看到始终不渝的主题和不断嬗变的价值取向。从计划经济时期服从政治宣传需要，到市场经济时期兼顾受众的兴趣和需求，再到进入 21 世纪以来更加注重公众的参与互动和情感认同，在这个转型过程中，媒体日趋成熟的自觉意识发挥了重要的作用。

三、正面人物报道的受众因素

任何社会的变革都离不开公众的积极参与，公众始终是影响和决定社会发展与进步的主体。在新闻传媒适应计划经济向市场经济的转型过程中，公众的主体地位也随着传播观念的嬗变更加突出，这是因为"社会越发展，人越拥有财富和文化，他们不仅思维开放，也要求传播意义上的社会确认"[1]。我国公众的主体意识不断觉醒，主要体现在以下几个方面：

---

① 陈卫星：《传播的表象》，广州：广东人民出版社 1999 年版，第 30 页。

一是在集体和个体的关系上，那种绝对集体主义的、毫不利己专门利人的观点越来越不能得到公众的认可。把"高大全"的英雄人物形象"落实到新闻传播之中则会有违客观真实性，不符合劳动英雄作为一个个体人的实际特征"①。典型报道的最终目的是以人物的言行来动员、鼓舞群众，但从现实生活的角度看，带有政治化特征、生活在真空中的典型人物形象，很难对公众形成良性的刺激。社会转型的一个重要成果就是对个人利益的尊重，也是以人为本理念在新闻宣传中的体现，集体利益的实现是以个体利益和公众参与的积极性得到充分的尊重和发挥为前提的。

二是社会利益主体的多元化，增强了人们的自主意识、独立意识以及个人对自主行为负责的责任感。这种增强反过来又促使人们更进一步要求在政治、经济、文化和其他社会生活中有更多更大的选择自由。公众的自主选择意识的增强，必然影响新闻媒体的报道选择。是单纯报道正面人物，还是全面反映转型时期中国不同社会阶层人物的命运？《中国青年报·冰点》知名编辑李大同认为，"在社会转型的剧烈变革中，他们（普通群众）的生存状态如何，有什么想法和要求；由他们体现和传承的民族的真善美，在一片市场之声中命运如何；坚忍、奉献、同情心、维护公正等人类美德是否还被人们珍视——总而言之，我们应当用自己的报道来加以检验，并试图给我们能观察到的社会不平衡以某种矫正"②。

三是我国社会生活物质层面的变革和发展有力地推动着公众社会心理从依附走向自主，公众权利观念逐渐普及。改革开放明确肯定了个人利益的价值，承认逐利行为的正当性、合法性和合理性。在人们对个人利益的不懈追求中，逐渐产生了作为社会民主化核心内容的公民权利观念。③ 这种体现公民权利意识的人物典型在"南方周末年度人物"的评选中得到较好的体现。从李昌平、冯锦华、王选、钟南山、李金华到"厦门 PX 事件"中积极参与的"厦门人"。这些经由读者和网民投票选出的人物，体现了勇于担当社会责任、为民请命、为国分忧的传统美德和时代精神，感染了千千万万的中国人。由此看出，公众

---

① 朱清河：《典型报道：理论、应用与反思》，武汉：武汉大学出版社 2006 年版，第 144 - 145 页。

② 李大同：《冰点'98——寻回心灵深处的感动》，北京：中国林业出版社 1998 年版，第 493 页。

③ 徐邦友：《社会变迁与政府行政模式转型》，《浙江学刊》1999 年第 5 期，第 52 - 57 页。

主体意识的觉醒是社会政治、经济、文化包括大众传媒共同作用的结果，反过来公众又通过积极的社会参与成为促进社会变革的原动力。

四、正面人物报道的技术因素

随着我国对外开放程度的不断扩大和信息传播新技术的普及，信息传播已经突破了国家和地域的限制，各种信息和新闻可以通过各种媒介和渠道，以各种形式迅速传播。特别是网络传播作为一种新的信息交流方式，与传统媒介相比更具获取和发送信息的自由，已成为影响社会舆论的重要信息源。从网络媒体使用的情况来看，通过网络媒体接触信息的人群特别是年轻的受众日益增多。中国传媒大学新闻系课题组对首都新闻院系大学生的一项调查表明，90.83%的新闻院系学生获取信息的主要渠道是网络。[①] 网络媒体的快速成长，不仅对受众的传播观念和心理产生了深远的影响，也对新闻报道乃至正面人物报道的内容、方式也带来巨大的冲击。

其一，信息化时代的到来和传播技术的更新换代，促使信息传播从区域化走向全球化。各种信息和新闻都可以通过各种媒介和渠道迅速传播，互联网提供了前所未有的言论多样化的舞台，以及信息自由流通的机会。这就使舆论生成的社会因素更加复杂化和多样化，并不同程度上影响着公众舆论的形成和新闻舆论的导向。网络传播的冲击在某种程度上不仅改变了受众接触媒体的方式，也使其身份发生了改变——从被动的接受者向主动的寻求者转化。主流意识形态与多元化的意见市场并存，给传统媒体新闻宣传的有效性带来巨大的压力。

其二，在报道内容和报道对象的选择上，传统的议程设置式的正面人物宣传遇到了受众对典型人物主动选择的挑战。在网络个性化的传播空间里，受众不再是整齐划一的大众，也不会再接受"你说我听"的单项传播模式。"新媒体、新受众"的出现打破了传统典型报道中受众必须按照"模仿—学习—提高"的状态。新受众的需求开始被媒体关注。如果"报道出来的典型"不能满足新受众的需求，那么报道就不会被受众所青睐，更不能发挥应有的作用。受众更青睐那些他们"心目中的英雄"，所以如何寻求主流意识形态与受众需求

---

① 中国传媒大学新闻系课题组：《如何利用网络有效宣传先进典型人物——首都新闻院系学生对网络上先进典型人物宣传的接触程度和认知态度的情况分析》，《今传媒》2007 年第 1 期，第 27－29 页。

的结合点，是人物报道中必须解决好的问题。

其三，在报道方式上，传统的自上而下的、灌输式的单项传播越来越难以得到受众的广泛认同，强调互动与反馈成为网络传播时代必须考虑的传播要素。比如中央电视台的"感动中国"人物的评选、南方周末"年度新闻人物"的评选，把专家投票和网络投票结合起来，尽可能体现民意。此外，在正面人物的宣传中，加强与网民的互动，使报道的宣传效果得到及时的反馈。

此外，网络传播技术的发展，使多媒体整合传播成为可能。检验正面人物报道的社会效果，不仅仅看单个媒体或单篇报道的效果，而是要看多种体裁、多种手段、多媒体合作形成的舆论强势。任长霞先进事迹报道中，中宣部在组织中央新闻采访团时首次吸纳了人民网、新华网、光明网、央视国际、中国网、中青网等六家中央重点新闻网站，网民对此反响热烈，形成了新的舆论热点。

（原载于《广东外语外贸大学学报》2009 年第 2 期）

技术创新篇

······

两会报道的微博效应

一年一度的全国两会既是代表、委员和公众建言献策的议政厅，也是媒体充分显示新闻报道综合实力的重要平台。2010 年全国两会中，"微博问政"成为时尚。很多代表、委员通过微博晒提案议案，与网友沟通交流。同时，包括新华社在内众多国内主流媒体，都不约而同地通过微博征集两会话题、报道两会内容，使微博成为今年两会征集民意最热媒体和会场内外互动最大亮点，产生了良好的传播效应。

作为一种新型交流工具和传播手段，微博有不同于博客或其他互动论坛的特点。微博用户门槛低，与博客长篇大论、讲求完整逻辑表达不同，微博的字数必须控制在 140 个以内，相当于两三条短信，无须标题、构思，无须复杂的发布程序，微博用户可像发短信一样通过手机发送信息并通过微博网站扩散，增强了微博使用度和参与度；微博的信息传播具有即时性、现场感以及快捷性。它不仅可发送文字短信，还可把现场情况以彩信方式即时发布，多媒体化的传播内容使微博用户体验的黏性越来越强；与博客用户面对面的交流不同，微博用户是背对脸的 follow（跟随）交流，其传播广度随着关注者增加转帖效应而成几何级数增加。因此，通过与关注者的对话与交流，把自己的内容告知给他们，回答他们提出的问题，不仅可吸引更多关注者，而且有利于对所关注的人物、事件、观点或话题进行重点传播，并达到扩大传播范围、提高知名度的效果。

正因为基于微博的传播平台具有涉及面广、参与者众，现场感互动性强、信息发布迅速等优势，使微博在今年两会报道中发挥了独特作用。《中国新闻出版报》统计，今年两会期间有多位代表、委员在人民网、新浪网开通了实名制微博，很多记者和主持人及中央和地方媒体均在新浪网开通两会微博，为广大网民记录报道两会上的精彩观点、细节新闻和现场花絮，营造出会场内外、代表委员与网民间良好的意见互动氛围。

一、双向设置议题，多方体现民意

从媒体开辟"微博版""微博专栏"的议题设置看，有代表、委员提出的话题、有记者提出的话题、有网友提出的话题。话题中有现象描述，有问题分析，有精到点评，借助微博这一公共平台，各类社会群体都能对自己关注的问题发表意见，建言献策，间接实现参政议政的诉求。

早在两会开幕数周前，一批代表委员就纷纷利用微博向网民征集议题。2010年2月22日，全国政协委员、著名画家何水法在自己的新浪微博上发出消息"初六接到省政协电话通知，将于3月2日赴北京参加全国政协会议。今年已有五个提案在酝酿之中，这几天要集中精神整理成文。博友们有什么建议，请尽快和我联系哦"。接下来的三天，何水法委员就收到了"粉丝"们潮水般涌来的建议，内容涉及食品安全、贫富差距等问题。

3月2日，全国政协委员、小品表演艺术家巩汉林在人民微博"微言大事博论两会"专题上发表第一条微博。在微博里，他不仅与网友分享了提案出炉的台前幕后，还就提案的主题"保证听证制度顺利进行，促进社会主义民主法治建设"与网友进行了交流讨论，大大提高了提案的贴近性和质量。随着两会议程展开，网民们参与热情不断高涨，诸如房价、医疗改革、官员财产公示等公众关注的热点问题通过微博这一沟通渠道陆续进入代表、委员们的视野。

二、呼应两会内容，凸显重点话题

两会涉及国计民生方方面面，媒体如何帮助读者和网民在海量信息中及时准确获知所需信息，并有针对性地发表意见，凸显媒体对信息的梳理和整合能力？通常情况下，网民在浏览门户网站新闻时，往往经过逐层筛选才能最终获得有效信息，有时也会因受到其他信息干扰而最终偏离方向，导致上网看了半天却一无所获。微博采取的 follow（跟随）方式使用户能够直接抵达自己需要的信息。在微博上，如果你对某个人、某家媒体、某个企业感兴趣，就可以对他加"关注"，在这种状态下你能第一时间获取你所关注对象的最新动态，大大地提高了用户获得信息的时效性和有效性。因此，媒体通过微博发布信息，可有效吸引公众对某一问题、现象、事件的重点关注。在新浪微博两会专题中，人气最高的媒体微博——新华视点两会微博，其粉丝截至 3 月 15 日两会闭幕已经达到 230 986 人次，这意味着每条信息都会抵达这部分的微博用户，并通过微博用户间的转发，使转发量成几何倍数上升。

同时，媒体通过微博可迅速筛选出公众关注的关键词。新浪两会微博专题专门设置"两会今日热话题""两会热词实时排行"等栏目，提炼两会微博中出现频率最高的词汇，其中 3 月 13 日的"两会热词实时排行"中"腐败""两会""低碳""通货膨胀""打黑"等热点词汇位列榜首，透过这些热点词汇可以观察到公众最关心的是哪些人和哪些事。

此外，媒体通过微博还可以确定报道重点，如《人民日报》3 月 7 日和 3 月 8 日两会特刊"微博来客"专栏就对网友热议的孩子学前教育问题进行重点关注，发表《网友热议"入园难"》《大力推进大学创业教育》报道，且引用温家宝总理在政府工作报告中的发言和广大网友对这一议题发表的观点。《新华每日电讯》则重点关注了"讲真话难度有多大""'蚁族'：到哪儿有肉吃""民主的细节很动人""房价能不能降下来""出国不当'土财主'"等议题。媒体对网民关注问题及时回应和重点解读，体现出媒体新闻报道自觉的贴近性和互动性。

三、关注场外活动，表现鲜活细节

从两会报道效果来看，给读者留下深刻印象的不仅是会场内的提案和议程，还包括记者现场观察获得的许多生动细节、鲜活内容。微博的报道方式使两会不再局限于"高峰论坛"，而是走入了寻常百姓生活。《四川日报》在"2010 全国两会特别报道"中开辟"记者微博"专栏，以记者现场记录的方式报道两会："9:40 安检的门终于打开，我第一批冲进人民大会堂东大厅。一看，傻了，还有 3 层楼，而且是相当于普通楼房六层楼的高度……11:15，有点像喊口号，主持人一声'请记者朋友们发问'，顷刻数十双手举了起来。咱可不能丢四川人民的脸，举手，招手，不行，挥手。"这样一种观察体验式报道，给读者带来强烈现场感，让读者仿佛也置身会场，内容生动，形式鲜活，拉近读者与会场、记者间的距离。《羊城晚报》两会期间设立的"微拍客"专栏，注重捕捉两会中的一些场景细节。3 月 9 日的"微拍客"以"你真牛！你是谁"为题报道了在参会的教育部部长袁贵仁、国资委主任李荣融、人力资源社会保障部部长尹蔚民身边出现了一名女记者含笑挽臂的身影。细心的网友发现了这一点，一时众说纷纭，纷纷揣测记者身份，最后知情人士在微博上澄清事实"其实她是在大会堂一楼北大厅帮各路媒体拉部长过来接受集体采访的，是大家同意推选的"。透过媒体微博报道，两会终于向公众透露出生活化的一面。

四、讲求语言生动，注重内容可读

微博较少书面语言的严谨表达，很多网友是想到什么就说什么，非常口语化，很有感染力。微博语言魅力还在于其直言不讳，极大增强了语言表现力。如人大代表"走红地毯"时，全国人大代表、少林寺方丈释永信被记者团团包围，抛出各种问题，但他口中只低声念"阿弥陀佛"，不知道谁喊了一句"大师，用轻功啊"，这一俏皮的语言经记者微博转发，受到众多微博网友追捧，转发量直线上升。

两会已圆满结束，而微博也借助两会走入更多公众生活。"两会微博"在反映民意、表达民情以及两会报道形式创新方面取得了良好效果，对传统媒体未来的数字化转型也不乏启示意义。具体到新闻报道层面说，"微博"的报道形式要常态化，要根据微博传播特性，完善和健全相关采编机制，使微博在提供新闻线索、完成采访选题、把握舆论热点以及实现沟通互动方面发挥更大作用。同时，采编人员要提高自身新闻判断的专业素质和能力，不能有闻必报、有事必传；媒体要善于在党和政府的政策导向与网民意见中寻求结合点。

（原载于《中国记者》2010 年第 4 期）

微图：移动互联网时代的非专业摄影报道

2005 年 7 月 7 日，伦敦发生地铁爆炸案。身处爆炸案现场的亚当·斯塔西用手机抓拍下一名男子站在昏暗而拥挤的地铁隧道中，用手绢捂着嘴的画面，从画面中可以看到男子背后刚刚发生爆炸的地铁车厢以及里面的乘客。他迅速把照片发送给经营博客网站的朋友，博客上的照片随即成为网络点击率最高的图片。美国《时代》和《华盛顿邮报》等媒体在大爆炸后均刊发了在爆炸现场市民用手机拍摄的照片。

在突发事件面前，报道及时、传播迅捷以及有强烈现场感是构成好照片的首要要素，相比之下，拍摄者的身份、影像质量、拍摄技术等均属次要因素。而"我在现场"的个人化报道方式成为达成上述传播要素的重要前提。近年来，随着数字化的影像采集、处理、传播和接收过程给新闻摄影带来革命性的变化，大大满足了个人进行图片采集的技术条件。于是，在英文词汇中，出现了一个新词：Citizen Photo-journalist（市民摄影记者），专指那些用手机拍摄新闻事件，并将照片发给新闻出版物，最终获得刊用的非职业人群。这些非职业化的摄影图片，通过手机与互联网平台传播，获得刊登及传播，不仅成为传统媒体新闻来源的重要组成部分，并对专业化的新闻图片生产带来了巨大的影响。

一、微图的传播特点

微图始于何时，目前并没有确切的记载，但可以肯定的是各大网站的论坛是网友贴图最早的载体。即由网民根据事发现场的目击在论坛发图，其他网民通过"添砖砌墙"式的论坛跟帖将热门图片"置顶"引发众议。此后，报纸等传统媒体对图片进行转载和延伸报道，从而使被摄事件或人物放大成为新闻事件，最终就造就了诸如"史上最牛"等公共事件及层出不穷的各式"网络红人"。

2009 年，以微博为代表的新的传播方式集中出现和快速普及，实现了手机和互联网终端的无缝对接和实时互动，从而使手机用户顺利过渡到无线互联网用户，微博成为网友拍摄的图片最常用的传播渠道。以新浪微博为例，通过提供类似 Twitter 的微博服务的平台，用户可通过网页、WAP 页面、手机短信/彩信发布消息或上传图片，从而使每个手机用户不用电脑就可以发表信息、分享图片。如今，新浪微博注册用户超过千万，几乎每天使用的超级活跃用户超过百万，其中有超过 40% 用户访问来自手机。新浪微博被热捧，标志着"移动互联网的 SNS 时代"的到来，也使得非专业摄影获得更广阔的传播空间。目前由非职业记者生产的"微图"已经广泛分布在桌面、浏览器、移动终端等多个平台上，并体现出与专业摄影不同的传播特点。

1. "我在现场"的传播便捷性

在微博上，大量原创内容爆发性地被生产出来，身处新闻事件现场的民众可以通过论坛、微博贴图等形式第一时间传递展现现场画面，通过现场目击和实时报道，从而大大强化了传统媒体与手机、网站的传播互动。2010 年 5 月 14 日，广州遭遇暴雨侵袭，大雨造成多处水患，微博博友纷纷用手机即拍即传贴图，全景展现各路段的街景，在突发事件报道上扮演各路记者"现场直播"的角色，呈现出记者无处不在的传播便捷性。

2. 传播内容的裂变性和辐射性

微图既不同于传统媒体一对一的线性传播，也不同于网络媒体的一对多的网状传播，而是一种多对多的裂变传播。手机移动终端提供的便利性和多媒体化，使得微博用户体验的黏性越来越强。微图的传播速度呈几何级递增，远远高于之前任何一种媒介产品的传播速度和传播广度。

3. 传播方式的实时互动性

微博网站具有即时通讯功能，可通过 QQ 和 MSN 等即时通讯软件直接书写，在没有网络的地方，只要有手机便可即时更新自己的内容。因此，可以设想，对于一些大的突发事件或引起全球关注的大事，如果有微博用户在场，利用各种手段在微博上发表出来，其实时性、现场感将超过所有媒体。而新技术的运用也使得用户更加容易对访问者的留言进行回复，从而形成良好的互动关系。

二、微图的内容类型

1. 突发性事件

2010 年 4 月 14 日清晨 7 时 49 分，青海玉树发生 7.1 级地震。当日中午 12

时左右，即地震发生 4 个小时后，第一张地震照片通过新华社向全球发稿。与以往不同的是，第一组灾情照片是由一位中国移动用户通过彩信从地震灾区传出的，国内外众多知名媒体纷纷转载，通过这组照片，全球关注中国玉树的人们第一时间知晓了当地的灾情。据了解，从新华社青海分社所在的西宁到地震灾区玉树，最快也要 10 个小时以上，来回就是 20 多个小时。加上地震带来的交通不便、网络中断等不利因素，选择到现场去拍照会严重影响及时传递灾情信息，鉴于手机照片较清晰、以彩信发送迅捷准确的特点，这位中国移动用户用彩信发出的第一张地震照片就受到了新华社的青睐。

与玉树地震类似，各类突发事件发生后，都会有关于事件的图片和信息经过现场见证者手机拍摄，再经由网络媒体或传统媒体传递出来。这些微图可能相对粗糙、拍摄的技术也不及专业摄影记者，但是满足了突发事件发生后最急切的传播需求，并伴随着鲜明的现场感成为呈现这些事件的第一印象，容易给受众留下深刻的记忆。

2．网络公共事件

2007 年 3 月，网上各大论坛开始流传一张网络图片：一个被挖成 10 米深大坑的楼盘地基正中央，孤零零地立着一栋二层小楼，犹如大海中的一叶孤舟。图片一时之间被网友热议和传播，人们将其称为"史上最牛的钉子户"。随后经媒体披露，图片拍摄的是重庆市九龙坡区杨家坪鹤兴路 17 号的房屋产权人拒绝拆迁，开发商将周围房屋拆除后的场景。在"猫眼看人"论坛，"关于'最牛钉子户'的最新报道（组图）"一帖，一夜之间引来近万人回帖，不少网友通宵守候，等待事件的最新报道。这张图片和它带来的影响引发国内外各大媒体争相进行跟进报道。

3．公众人物与"网络红人"

进入网络时代以来，不断有关于名人照片的流传和照片引发的各类事件，公众人物照片在移动互联网平台上的流传成为网络文化一部分。伴随博客与微博的流行，名人走入普通人的生活，和大家一起写博文、发照片，与传统媒体刊出的报道相比，这些照片往往更生活化、私人化，让关注者从中得到了别样的满足感。

另外，默默无闻的普通人也经由图片成为名噪一时的"公众人物"。2010年 2 月 21 日，在天涯论坛上出现了一个题为"秒杀宇内究极华丽第一极品路人帅哥！犀利哥 PS 图片帅到刺瞎你的眼睛！求亲们人肉详细资料"的帖子。帖中发布了数张被称为"犀利哥"的乞丐的照片，因其"放荡不羁、不伦不类的感觉"以及原始版的"混搭"潮流，被网友广泛追捧，并"人肉搜索"到其真实身份与流浪遭遇，使其成功与失散多年的亲人团聚。继"芙蓉姐姐""后宫优雅"等网络名人之后，"犀利哥"几乎仅凭一张照片一夜成名。虽然这类图片往往具有浓厚的娱乐意味和巨大的炒作嫌疑，但是难以忽视其传播的速度和影响力。

三、微图的报道价值

1. 微图成为传统媒体重要的新闻线索来源

微图无处不在的采集渠道，使得庞大的非专业记者群体成为传统媒体最广泛的"后备军"。如今已经有不少媒体，如报纸和网络向博友征集照片，以弥补媒体对事件报道的不足。2005 年 8 月 26 日，《京华时报》将一幅用手机拍摄的北京和平门地铁站发生火灾的照片刊登在头版，尽管照片颗粒粗糙，表现力也很一般，但这是首都平面媒体第一次将手机照片使用在第一版上。近两年，《北京晚报》《北京青年报》《竞报》《羊城晚报》等报纸也相继开辟"手机照片"专栏，专门刊登使用手机拍摄的新闻照片。2009 年，《南方都市报》广州新闻版开辟"图库"专版，选登摄影记者"扫街"及读者拍摄的图片，呈现贴近市井民生的趣味性。杭州《都市快报》推出"有图有真相"版面，寻找每天最接近现场的照片，号召"以最快的速度发给我们，构图、曝光、像素……统统不是问题，只要在本栏目刊登，即可得到 1 000 元奖金"。

2. "观众进场"使微图的报道题材更具贴近性和新闻性

从微图报道内容上看，非专业化的拍摄关注的是与公众生活密切相关的主题，有些将不为人知的个体故事变成了街谈巷议的热点话题，甚至引发强大的舆论力量，影响了事件本身的发展走向。有些则生动描绘了发生在百姓身边的事情和景象，通过平民视角表达了公众的感受，往往也能引起较大范围的共鸣和关注。

3. 公众兴趣成为影响微图新闻价值的标准

微图新闻价值的大小，不在于拍摄者的身份、影像的质量和拍摄技术。拍摄者的视角可以不拘泥于专业摄影记者的要求，不需要顾虑拍摄的效果，可以任意选择题材，随机随性地拍摄。微图具有的自主性、开放性、个性化，其新闻价值完全在于图片所能引起的公众的兴趣和价值认同。

4. 微图报道表达出公众主动参与社会事务的诉求

虽然海量的移动互联网图片中绝大部分会在传播过程中昙花一现，但是不胜枚举的微图也以不同的方式传达着公众的声音、表达公众的诉求。在全民摄影的时代，普通网友都可以拿起相机去记录身边的人和事物以及他们所看到的新闻事件和场景，并表达出作者对事件本身的事实判断和价值判断。这些微图同时通过移动互联网平台的热烈回应，形成公众的关注热点，通过传统媒体的转发，实现其从新闻效应到社会效应的转化。

5. 微图的消费趋势冲击原有新闻报道的观念

微图的兴起，一定意义上表明了消费时代图像霸权的出现。这种霸权在一定程度上不仅对文字报道构成威胁，而且危及文字所代表的力求揭示事件真相的理性主义报道原则。而代表着消费、欲望的视觉印象和身体元素在非专业摄影中得到广泛传播，更多的则是感性力量的张扬。如何应对受众消费的现实转向，无疑对传统的摄影报道提出了更大的挑战。

（原载于《新闻与写作》2010 年第 6 期）

视频新闻：新媒体语境下报道形态变革的产物

如果说 20 世纪 30 年代声像兼备的电视技术的面世，改变了新闻报道呈现的基本形态，也改变了受众对新闻的接受方式，那么，近年来新媒体技术的发展和普及，则造就了视频新闻的流行。在争夺受众眼球的媒体竞争中，视频新闻已成为传统媒体和新媒体新闻生产的一种全新的形态，为受众和用户带来全新的信息消费体验。那么，视频新闻与传统的电视新闻相比有什么特点？目前国内视频新闻的发展现状如何？视频新闻将以何种方式影响目前新闻生产的格局？本文试图从以下方面对视频新闻进行简要的分析。

一、视频新闻的特点

视频新闻，是一种基于互联网技术平台的新的报道形态。视频新闻整合文字、图片、音频、视频等信息传播的基本元素，在继承传统新闻报道方式和理念的同时，体现出发散传播、即时互动和瞬时发布的传播优势。视频新闻突出"视频"，与通过画面来叙事、言情、表意的电视新闻存在一定的共性，但视频新闻又不同于电视新闻，两者的差异体现在以下几个方面：

1. 传播主体不同

电视新闻是由专业的新闻记者采访、拍摄，并经过编辑的把关和剪辑后播出的报道，具有较高的技术门槛。电视新闻文本传播的话语权是掌握在具有专业素质的传媒工作者手中。而视频新闻则主要是依托于互联网这一开放多元的技术平台，让信息传播者可以通过各种类型的网站来发布自己的文本（UGC 模式，即用户制造内容），传播者既可以是新闻记者，也可以是普通网民或用户，只要传播的文本具有新闻价值，就可以通过网络进行传播。可以说，视频新闻这种报道形态的出现，令普通的网民也有机会成为"记者"，享有信息的表达权和传播权。

2. 传播平台和技术手段不同

电视新闻的传播主要依托于卫星和有线电视网这一平台，将节目通过模拟与数字信号的相互转换，实时传输数据并最终在接收终端中实现信息解码。而视频新闻的主要传播平台是借助互联网这一平台，通过流媒体技术对文本进行非线性呈现。

3. 传播对象不同

受众需求的变化和增长是影响新闻文本和形态变革的主要因素，传统媒体的传播对象是广大的受众，受众只能单向接收电视新闻报道，较难形成自主的收视习惯；新媒体和视频新闻的传播对象是网络用户，用户往往根据自己的需求喜好来选择接收信息，并通过网络将自身的视觉化表达欲望进一步激发出来。因为网络用户总希望能借助画面、声音等具象元素来完成文本信息的接收和理解过程。

4. 传播方式不同

传统的电视新闻报道只是依靠输出终端的单向线性传播，受众不能够自主选择接收文本信息，更无法及时将自己的意见和想法进行反馈。而视频新闻互动性强，能够凭借网络传播的优势，提供快进、倒退、观众评论、添加标签、推荐和引用等互动功能。用户只需通过搜索关键词，通过节目点播来选择接收自己感兴趣的文本信息，可以随时快进或切换。相对于被动观看有固定播出时间的电视新闻，视频新闻显然具有更多的选择余地。

二、视频新闻的类型

根据目前出现的视频新闻，按其母媒体的性质可以分为以下三类（见表1）：

表1　视频新闻网站分类

网站类型	媒体名称	视频新闻主页名称	域名	是否拥有独立的新闻采编权
垂直网站	优酷网	优酷资讯	http://news.youku.com/	否
	土豆网	热点频道	http://news.tudou.com/	否
	第一视频网	新闻频道	http://news.vodone.com/	是
	激动网	新闻频道	http://news.joy.cn/	是

（续上表）

网站类型	媒体名称	视频新闻主页名称	域名	是否拥有独立的新闻采编权
综合型门户网站	新浪视频	视频新闻	http://video.sina.com.cn/news/	否
	搜狐视频	视频新闻	http://tv.sohu.com/news/	否
	网易视频	新闻	http://v.163.com/news/	否
传统媒体网站	新华网新闻电视网	新闻	http://www.xinhuanet.com/video/xw.htm	是
	中国网络电视台	新闻台	http://news.cntv.cn/	是
	南都视觉中心	南都视频	http://nd.oeeee.com/mnews/	是

1. 垂直网站的视频新闻

垂直网站的新闻平台，如优酷网、第一视频网、激动网等视频网站，经营重点以视频的上传和下载为主。只有少数的商业视频网站（如第一视频网、激动网）可以申请到《互联网新闻信息服务许可证》（即新闻牌照），名正言顺地发布"视频新闻"。

2. 综合型门户网站的视频新闻

近年来，新浪、搜狐等门户网站运用自身门户网站的渠道资源优势，纷纷涉足网络视频业务，以购买、交换等形式跟电视媒体合作，将电视新闻搬到门户网站，向用户提供在线收看和点播等服务。门户网站一般是自己承担内容的整合与传播，它们并非简单地"转播"，而是将电视新闻文本内容"碎片化"，再分门别类将其置入自己的频道和栏目中，主要以点播为主。

3. 传统媒体网站制作的视频新闻

这类视频新闻近两年已广泛应用于传媒集团的全媒体战略中，具备新闻专业性强和原创性强等优点，以及可借助自身母媒体的传播渠道进行采编和发布，不需要额外单独申请许可证的便利条件。新华网新闻电视网和中国网络电视台（CNTV）的上线，也标志着中央媒体对网络视频领域的进军。

典型的视频新闻报道，主要包括：访谈类视频（人物专访），直播类视频

（重大事件的报道），即时消息类（突发事件的报道），深度类（新闻特稿）。目前视频新闻以动态报道居多，直播类视频多用于重大事件的报道，深度类报道的制作周期较长，难度较大，还难以适应网络新闻快速更新的节奏。从近两年的实践来看，一些优异的视频报道往往来自突发事件，而一些具有视觉感染力的主题报道也成为视频报道重点。各类重大、突发、主题性事件在近一两年集中爆发，给视频报道的尝试提供了极好的切入点。报纸视频新闻这种整合型新闻报道形态的产生，给互联网时期的传媒业发展提供了许多可借鉴之处。

不难看出，大部分垂直网站和门户网站还不能自主采编新闻，只能凭借打"擦边球"的方式，通过申请网络视听、节目制作经营等相关许可证，以网友上传和交换购买电视新闻节目播放版权的形式，跟卫星电视台合作来发布视频新闻。随着国家对视频新闻管控力度的加大，垂直网站和门户网站今后经营的重点将转移到影视、娱乐等视频内容的运作上，而视频新闻方面传统媒体的网站仍然具有不可比拟的优势。

三、视频新闻典型个案解读

相对于传统的新闻报道文本，视频新闻可以突破单一媒介的技术制约，将图像的直观、文字的深度和网络的即时互动三者有机结合，为受众提供更完整、更丰富的媒介内容。同时传统媒体的网站通过文字、图像、音频和视频等多样化的传播元素来呈现多层视角，可以使新闻报道进一步逼近客观、真实。近年来，传统媒体大胆试水网络视频领域，并取得了一定的成效，其中值得注意的是新华社新闻电视网和《南方都市报》在视频新闻方面的实践探索。

1. 新华社新闻电视网的视频新闻业务的拓展

2008 年 9 月，新华社提出要在 2015 年多媒体业态等方面基本完成战略性转型。为实现这一目标确定了"三个拓展"的任务，即向多媒体形态拓展，向终端受众拓展，向国际拓展。电视新闻报道一直是新华社的业务缺项，要满足各种受众多层次的需求，必须具有以全媒体形式组织报道的能力，而发展电视业务是一个外在需求和内在推动兼而有之的选择。新华社于 2008 年 12 月 30 日推出了视频新闻专线，随着电视新闻自采量迅速增加，2009 年 9 月 1 日，新华社把电视素材和成品节目合一的线路，分拆成电视通稿线路、电视成品线路运行。随着电视新闻发稿量的迅速增加，新华社具备了兴办电视台的内容基础。经过对中国电视业现状的分析，并参考海外电视业传播经验，确定了电视业务方向和定位：大力拓展向海内外媒体、非媒体提供电视节目的通讯社业务，同时，积极拓展包括网络、手机、大屏幕和海外电视台在内的各种终端发布。

2. 南都网流媒体报道形态的探索

《南方都市报》视觉中心一直在探索视觉新闻报道的种种可能。2008年下半年，全媒体概念开始广泛在业界出现并流行，对南都视觉中心而言，就是流媒体的出现。《南方都市报》视觉中心图片总监王景春认为，流媒体的探索应该是"静态的影像＋动态的视频＋有效声音，传统的静态影像是支柱"。这样可以将纸媒转型的成本控制在最小范围以内。一般说来，流媒体作品时间在3～5分钟，受众兴趣和网速、呈现的精度都影响着报道文本的变化与发展。目前国内和国际对流媒体报道文本的好坏标准尚无定论，有几个基本原则是需要遵循的：与电影相关的机位、现场音的录制等；动态与静态影像的合并；声音包括现场音、后期音和同期声之间的整合。它们的动态和静态影像不能相互替代，静态影像的瞬间感是动态影像做不到的，流媒体是两者有机结合的成果。

四、视频新闻的发展趋势

视觉新闻尽管在业界已成为约定俗成的称谓，但准确地讲，"视频新闻"的定义并非十分准确。这是因为视频新闻的构成元素并不仅限于"视频"，而是整合了多种报道元素，运用多种报道手段，可以让不同的受众群体各取所需的整合型多媒体报道文本。这正是视频新闻的比较优势所在。借助媒体丰富的内容资源和渠道资源，视频新闻将体现出良好的发展前景，甚至成为未来传媒集团业务发展的新的增长点。

1. 报道元素的整合

数字化时代，用户需要通过多种终端接收多形态、多介质的新闻信息。传统媒体需要改变提供单一形态内容产品的模式，进一步加强媒体网站建设，视频内容文本信息要发挥自身独立采编权的优势，主推原创新闻，丰富完善现有新闻信息产品结构，形成以视频短新闻、视频新闻访谈、视频新闻组等为主的产品线，打造多栏目、分众化的视频新闻的节目架构。

2. 报道和传播过程的整合

打造全媒体数字技术平台，让采编人员可以在平台上完成视频报道文本信息的制作，这些信息全部可直接上传到稿件库，任何编辑都可根据需求获取素材进行多媒体编辑，从而实现协同式、共享式的新闻生产机制，在同一平台上实现数据流、信息流和业务流的整合。这一平台又是融合传播的产品分发中心，集团下属各媒体可根据各自需求，将内容产品分发到不同终端上，这样既可整合和统筹集团所有媒体的内容生产资源，又可通过内容信息的多级多次发布实现产品和业务增值。

3. 受众资源的整合

全媒体数字技术平台能够打通内网和外网，可以与受众形成全时空互动，为受众对于内容信息的接收和回馈、受众之间的交流、受众参与内容信息的生产提供技术便利和机制响应，体现以受众为中心的全新传播理念，集团各媒体也可以随时挖掘分析和掌握受众的信息需求，成为集团融合传播的互动枢纽。此外，受众也可进行相关内容信息产品的个性化定制。

总之，全媒体数字技术平台的建成应用，实现了适应媒体融合的业务流程和传播机制的创新。作为新媒体报道的产物，视频新闻在新闻传播领域的地位和作用日益凸显，不论是商业网站，还是传统新闻媒体，都在争夺视频新闻的受众（用户）。从受众的角度来说，他们希望能够随时随地便捷地获取多样化的新闻信息，这对传媒自身发展提出了更复杂、更多元的要求。在"视觉为王"的传播时代，只有真正实现了媒介融合，才能把握发展先机；只有把握了传媒先机，才能掌控受众眼球；只有掌控了受众眼球，媒体才能真正在新的市场竞争中保持常变常新的活力。

参考文献

[1] 张秉礼、袁志坚：《视频信息：报业全媒体内容生产"爆破点"》，《中国记者》2009 年第 2 期，第 57－58 页。

[2] 王景春口述，戚雅整理：《王景春：流媒体革命》，南都视觉中心，http://nanyuan.oeeee.com/vision/200905/t20090505_1053269.html1，2010 年 7 月 27 日。

[3] 邓建国：《美国报纸网络视频：融合新闻的实质一步？》，《中国报业》2008 年第 8 期，第 68－71 页。

（原载于《新闻与写作》2010 年第 6 期）

读者式新闻文本的模块化生产实践

——以《南方都市报》城市新闻的文本变革为例

在都市类报纸的内容结构中，城市新闻一直是报纸实现本土化策略的核心板块，也是报纸区域化扩张的重要突破口。但是随着传媒竞争环境的转变和读者多样化信息需求的增长，城市新闻的传统属性和生产模式面临着越来越多的挑战。城市新闻是应该以刊发传统的新闻内容为主，还是以提供多样化的资讯为主？未来的新闻文本是以规范化的新闻体裁为导向，还是以读者更方便地阅读和接受信息的需求为导向？基于上述的改革思路，《南方都市报》2008 年8 月起，对城市新闻进行全方位的改版，以"广州读本"替代原有的"广州新闻"（8 个珠三角地方版相应推出）。经过近四年的实践，南都城市新闻从操作理念、内容选择、文本写作都发生了较大的变化，形成了具有南都特色的城市新闻文本，为都市类报纸的城市新闻如何体现本土化、提高市民味提供了有益的借鉴。

一、从"新闻"到"读本"的操作理念转化

20 世纪 90 年代末以来，报纸版面的专刊化成为我国日报晚报的发展趋势，其中城市新闻专刊以贴近本土、贴近市民、贴近生活的特色追求，满足了城市读者了解新闻信息的需求。但是随着网络、手机等新媒体的兴起，读者获取信息和实现社会参与的渠道大大增加，其消费习惯也发生了很大的变化。他们接触报纸，关注更多的是与自身利益密切相关的人和事，更讲求新闻信息的实用性。在信息的接受方面，他们重视如何更方便地获取和理解新闻信息，而对于报纸新闻的标题、导语、结构以及写作手法较少关心，读者对信息核心内容的关注远远超过对新闻规范化写作形式的关注。在这种现实情况下，如果只是把新闻写得规范，显然不能适应读者与日俱增的信息需求。

相比之下，城市新闻的报道题材基本上是以跑线记者关于各行各业和城市

街区的工作动态为主，与普通市民的贴近性不够；城市新闻的文本形态遵循的依然是消息、特写、通讯、述评等传统的报道体裁。显然城市新闻的传播理念依然是以传播者为中心，传播什么、如何传播只是延续已有的新闻生产模式。而对读者到底需要什么样的内容、到底喜欢什么样的报道形态，考虑得较少。在这种情况下，如何改变城市新闻从报道内容和形式游离于读者需求的现实状况，就成为城市新闻改革的必要条件。

《南方都市报》以"广州读本"替代原有的"广州新闻"，其现实价值不仅在于概念的转换，更体现了城市新闻操作理念的深刻变革。其一，城市读本是对新闻传播功能的延伸。报纸除了提供新闻事件的报道，还有其他方面的信息服务功能。如南都城市读本除涉及时政、社会、民生、商业、人物等主要内容外，还开辟现场、网闻、商界、体验、帮办、面孔、讣闻、解密等版面，一些版面的设置还体现出贴近珠三角的地域特色。其二，读本是对新闻体裁的丰富和扩展。新闻体裁本身是新闻写作实践的结果，同样应该在实践的发展中推陈出新，不能以传统的规范来约束新闻体裁多样化的特点。其三，读本带动了新闻版面生产流程的变革。根据南都城市新闻"日刊式"的操作理念，读本是以城市新闻（新发，动态，硬新闻）为筋骨，以城市描摹（静态甚至常态，话题，记忆，人事，一切与城市相关的广义的报道）为血肉的报纸整合文本，因而既不同于"新闻"专叠，又不同于"生活专刊"。这样的产品设计，使得城市新闻的版面分工更明确、传播功能更齐全，从而也改变了传统的新闻生产方式。

二、内容：从新闻事件的线性反映到城市生活的全景式再现

都市报以市井新闻为特色，是反映城市生活并服务于城市居民的综合性报纸。自诞生之日起，都市报便是"接地气"的，它让读者看到了另一种报纸形态，一种剔除复杂、艰涩、沉重，以平等视角关注城市市民生活的姿态。平民意识、人文关怀以及更为广泛的读者基础是都市报在完成基本功能之外，进一步发挥社会、文化等积极作用的优势，也对其传播内容提出了更高要求。

由于读者市场区域与广告商目标消费市场区域都统一于特定的地域、特定的城市，城市区域便是都市报竞争的根本。传统的城市新闻抓牢了政治、经济、文化、社会等几大块，各条线上的记者用最新、最近的动态事件新闻勾连起城市的脉络，将各种新观念、新事物、新信息向这个城市群落的所有居民辐射。

这些线性新闻编织的信息网络广阔、清晰，但还少点城市文化的密度和贴近市民的温度。

南方都市报的城市新闻读本从线性平面迈向立体全景。以深圳读本为例，"封面""头条"等常设版面充分发挥了动态硬新闻的优势，"市民""邻里"等灵活版面则为报纸增添了更多的"人间烟火"。这些版面统领的是相对静态的情感新闻、生活话题、服务资讯，比如深圳读本市民版"找乐"栏目为读者提供最新的音乐会、书友会、体育比赛等文体活动资讯，搜城版"价格风向标"栏目则网罗各大商场最新折扣优惠信息……这只是些"小人物""小动静""小信息"，却与普通民众息息相关，它们是城市文明版图上的微小注脚，虽然平凡清淡却不可或缺。

这些贴近市民的话题、记忆、人事等相对静态的报道，为硬性动态新闻信息构建的主干密密地补上枝叶，使其更加丰满，充满生机。它们不仅清晰勾勒出最新的城市动态，也全景式再现了城市生活，更完整、更有人情味地记录下城市、城市人、城市文化的发展变革，更好地服务大众，持续推动社会的协调、共识的凝聚、文化的传承。丰富的内容保障了信息网的广度和密度，效用的大小还受信息网张力的影响，这张力来自内容的深度。

社会经济、政治、文化等各领域变革进程的不断深入，让社会环境变得越来越复杂，受教育水平不断提高的受众不再满足于获知信息，而要理解信息，厘清信息背后的节点关联，掌握事实变动的原因、影响、趋势，最终让信息为其所用。因此，要真正实现城市生活全方位、多角度的观照，满足受众需求，内容深度不容忽视。20 世纪 90 年代兴起的报纸杂志化风潮带来的积极贡献之一便是对内容深度的观照，长线长篇的调查、解释性报道，嬉笑怒骂中点拨世事风云的犀利评论，为都市报增添了一点理性和深刻。

从"新闻"到"读本"的转变，包含着深度方面的探索。以《南方都市报》城市新闻读本的"头条"版为例，"头条"往往以一个突发事件为触点，充分调查、有效策划，必要时以连续报道、专题报道呈现，把相关题材做足做透，还原事实真相，剖析因果关联，全力解开读者的所有疑团。虽然是日报，却打造出相当于杂志"封面报道"的精品，这些颇见功夫的作品成为城市新闻读本的鲜明特色。

三、文本：从以新闻为本到以读者为本

与新闻相比，读本是一个更加广阔和丰富的概念，不仅是内涵和外延的深入扩张，也反映了理念的深层转变。"新闻"的人物重心在于传者，而"读本"的重心更多观照于读者受众。

长久以来，"传者本位"和"受众本位"在新闻传播时间活动中相互拉锯、抗衡、渗透，随着传播生态环境的变化此消彼长。秉持平民视角，关注百姓生活，以"市民生活报"为定位的都市报自崛起时就践行"受众本位"的传播理念，拉近与受众的距离，赢得了市场。《南方都市报》首开"市办市看市订"之先河，使人们能像购买消费品一样，消费资讯，消费知识。让报纸真正走进市民生活，成为大众消费品。

随着市场化不断深入，网络、手机等新媒体的兴起，读者获取信息和实现社会参与的渠道大大增加，消费需求和阅读习惯发生了很大变化。市场需求变了，社会语境变了，都市报需因势而动，将一向秉持的"受众本位"理念深层推进，真正做到文本呈现形态、结构表达、获取形式方面的"以读者为本"。

一段时间里，都市报仍刻板地陷于"新闻"的传统套路中，严格按照"新闻"定义标准去寻找新鲜信息，往消息、特写、通讯、述评等体裁中嵌套，鲜活的不拘形式的报道形态较少。而对于都市报的读者来说，除了新闻之外，他们还想要获取其他实用性信息，即使这些信息不是严格意义上的新闻。在南都城市新闻读本中，我们可以找到这些有用的"非硬新闻"甚至"非新闻"内容。比如"家居周刊""公益慈善""出国周刊""黄金楼市""黄金车市""U 盘"等版面，内容有的来自文摘，有的出自网络名博客，有的是微博集锦，有的甚至是商讯软文，但对于市民来说，这些信息适时满足了他们的部分需求，为生活带来了直接便宜，都市报发挥了社会服务功能。

除了对信息内容关注重点的转变外，读者对文本的结构表达也提出了更高要求，这种要求其实"没要求"，或者说是"没有规定标准"。读者更关心的是获取、理解信息的便捷性和趣味性，而不太讲求新闻结构完不完整，标题、导语规不规范。网络世界带来了太多新奇的形式、词汇和表达，读者的阅读口味和兴趣越来越难以标准量度。但可以肯定的一点是，工整标准化的新闻文本，已经无法适应社会的发展变化，也无法迎合受众审美情趣的变化。

新闻文本需要经过被解读被消费才能释放个性化意义，完成传播使命，因此新闻生产必须充分考虑读者的解读过程和阅读体验。都市报的读者是普罗大众，"通俗易懂"是其文本表达的基本要求，除此之外，城市新闻的区域性特点还要求其充满"城市味"。写作城市新闻必须深入了解这座城市的文化、风俗习惯、语言特色，了解城市居民的价值体系、认知结构和思维方式，将这些元素巧妙融入文本表达中，用字里行间流淌的"熟悉"牵动读者神经，引起共鸣，加深理解。

新闻文本是真实的，这是秉持新闻专业主义必须捍卫的根本，但"真"与"美"是可以兼得的。用非虚构的表达凝聚真情实感，营造出纯真自然的清淡意境，新闻文本也能成为值得反复欣赏揣摩的艺术精品，在提供信息的同时满足受众审美需求，带来愉悦感受。

"以读者为本"还要强调"与读者互动"。新媒体时代，传者与受者之间的沟通与互动日益频繁，边界也越来越模糊，这为媒体文本的获取提供了新的选择，也成为拉近读者距离的有效形式。

四、结语

从"新闻"到"读本"的更名乍看只是一种概念的变化，并没有深刻的变革动因，实际上产生了丰富深远的意义——"读本"是对新闻体裁的丰富和扩展；是对报纸新闻传播功能的延伸；读本理念带动了整个新闻生产流程的变革。

随着传媒科技的不断变革，传统媒体正经历数字化全媒体的变革，但正如传媒大亨默多克所说"报纸最终会衰弱，但报业不会，它将向数字化转型"。换言之，新闻信息的介质会发生更替，但新闻报道的功能不会消亡，新闻内容以及文本创作的特色永远都是媒体竞争的优势和财富。

从产品定位到策划思路，从对新闻版块的重组到对城市面貌的描摹手段，南都城市新闻读本通过不同题材的操作、不同文本的表达，让报纸有了纯粹意义的硬新闻之外的尝试，使传统报纸新闻版块得到有效补充，也成为都市报贴近本土、贴近市民的重要手段。城市新闻版已经突破了硬新闻的单一的范畴，成为功能齐备、内容齐全、特色鲜明的信息载体。

（原载于《新闻与写作》2012年第6期）

以形态创新拓展报纸品牌增值空间

——《广州日报》"第一纸"和"身边纸"的实践取向

以互联网、手机为代表的新媒体日渐普及，深刻改变着人们的信息接收方式，使传统报业的生存空间面临严峻的市场挑战。如何展开有效的报纸形态创新，使报纸能够顺应市场环境的变化，实现传统报业品牌价值的保值和增值，已成为当前报业发展的焦点问题。《广州日报》2012 年改版推出"第一纸"和"身边纸"，呈现出报纸形态创新的一些新取向。《广州日报》一年多的实践证明，有效的形态创新可以为报纸巩固已有的读者市场，重塑报纸市场竞争力和品牌影响力，拓展报纸品牌增值空间，实现品牌效益的提升。

一、新媒体冲击下报纸形态变革的阶段性特征

美国学者达里尔·莫恩教授曾经说过："一张生机勃勃的报纸应当不断发现向读者报道世界并解释世界的更好途径。每隔 5 年还停滞不前就不会有新的发展。"[1] 可见，改版和扩版正是报业在竞争环境下求新求变的主要路径之一。始于 20 世纪 90 年代的报纸的出版形态变革，正是由多种内部管理和外部竞争因素直接推动的。

1. 从扩版到改版：以信息呈现形式的改变提升读者注意力

改版、扩版，是报纸主动参与竞争、提升读者注意力的有效途径。适时的改版和扩版，目的是以更加科学合理的信息呈现形式来为读者服务，进而激发读者的购买行为。从近年来的实际情况看，我国主流报纸已形成"一年一小改，三年一大改"的常态。以《南方日报》为例，2003—2013 年，该报进行了多次改版，先后由宽变窄、增加导读版等，不仅使版面布局更加合理，而且通过信

---

[1] ［美］莫恩著，陆炳麟、江和平译：《美国报纸组版和设计》，上海：上海外语教育出版社 1996 年版，第 292 页。

息资源的调配促进采编机制和营销机制的完善，进而实现提升报纸品牌形象的目标。

2. 从"薄报"到"厚报"：以信息量的增加实现规模效应

在信息资源日益丰富、读者需求增大和媒介市场竞争的推动下，报纸不断扩版增张。以当前广州地区主流综合性报纸为例，周一至周五《广州日报》日均出版 120 版，《南方日报》80 版，《羊城晚报》40 版，《南方都市报》100 版，版面数远超读者的有效阅读量。

报纸走上"厚报"之路，强调的是以信息量的提升来完善读者服务，制造规模效应，以"量"的优势拉开与竞争对手的距离，带来经济效益的提高。报纸版面扩容后，将有更多的空间来刊载新闻，容纳各类信息资讯，实现信息在广度、深度和数量上的规模化经营，打造信息超级市场来满足不同读者的阅读兴趣和需求。

3. 从"厚报"到"第一纸"和"身边纸"，以信息的集约化应对新媒体海量信息和读者需求的变化

以信息集约化为核心理念展开创新，是现阶段报纸形态变革的最新特征和现实需要。一方面，新媒体实现了真正的信息海量，受到有限版面制约的报纸难以在信息量上与之抗衡；另一方面，现代生活节奏不断加快，面对纷繁复杂的海量信息，读者需要一种指引和筛选，让其可以花最短的时间和最少的精力获得最有价值的信息。面对各种国内外重大新闻的轰炸，读者希望增加身边新闻，了解城市变迁，以及获得更多实用性的生活服务资讯，这些转变再次推进报纸改头换面。

信息的集约化要求报纸在有限的版面内，集中投入种类丰富、严格把关和精心制作的高价值、高质量的信息内容，并合理配置和调整信息文本形式、版式设计和版面组合方式，从而提升传播效果和经营效益。如何为读者提供优质内容和速读、易读、悦读的消费体验，是当下报纸应有的考虑。《广州日报》在这方面进行了有益的尝试。

2012 年《广州日报》两度改版，4 月份推出"第一纸"。11 月对原有的"都市新闻"版进行扩容升级，推出"身边纸"，用更多的版面深耕本地新闻，"街坊""家事""发现广州""穿越今昔""拍案""市场"等栏目多角度、立体化地细诉读者身边新闻、身边故事、身边服务和身边意见。

二、从"第一纸"和"身边纸"看报纸形态创新的实践取向

"第一纸"和"身边纸"是《广州日报》立足全媒体时代的创意变革,旨在提升报纸的权威性、贴近性、服务性、互动性、易读性和悦读感,体现出报纸形态创新在以下几方面的价值取向和实践走势。

1. 理念上强调媒体融合

《广州日报》引入了媒体融合的理念,一方面强调与新媒体平台实现对接,有效整合信息资源;另一方面做到与新媒体优势互补,彼此借鉴,避开新媒体信息海量的优势,致力于为读者筛选和提炼最有价值、权威公正的新闻信息和观点意见。同时,扬新媒体之长处,着力提升报纸与读者间的互动。

改版后的《广州日报》依托集团旗下新闻网站大洋网和官方微博,对报网间的信息资源进行有效整合,将网友报料、网络热点事件和热门话题一网打尽。各种网络热事无关大小,凡引起广泛关注的,如微博上爆出的"皮鞋炼成老酸奶"事件、网络热议的南方供暖问题、"速成鸡"事件、快递爆仓等均在报道之列,提升了可读性。

在互动性的提升上,除了对原有的"报料热线"功能进一步完善,提供电话、网站、QQ、微博、微信方式,丰富读者报料渠道外,"第一纸"更是辟出了"今日互动"版面,推动报纸与读者有效互动;"广关注"栏目,报道当天最吸引网友关注的事件,邀读者发言;"广围观"栏目,围绕焦点话题组织读者讨论;"广点题"栏目,邀读者出题,记者代为跑腿破题;"大洋进行时""大洋评报栏""大洋聊天室"栏目,邀读者评报纸、聊新闻、谈生活。借助"今日互动"版,《广州日报》打破了传统媒体时代报纸和读者之间的单向传播模式,草根意见发声平台的打造让读者拥有更多发言空间,提高读者在信息生产传播过程中的参与度。

2. 内容上更注重贴近性和服务性

《广州日报》推出的"身边纸"以更多的版面强化本地原创新闻的报道,加大对读者身边新闻、身边故事、身边服务和身边意见的报道力度,延伸本地新闻的广度和深度,"在贴近性上做文章,在服务性上下功夫"[①],体现出报纸

---

① 肖桂来、周浩杰:《"身边纸"贴近百姓》,《广州日报》,2012年11月7日。

改革的本地化、市井化、服务化和生活化的价值取向。

"身边纸"改版后，随着版面的扩容，各类本地新闻内容和生活服务资讯得到极大丰富。此外，不同的版面和栏目具有清晰鲜明的内容定位，对城市风貌和市民生活展开立体化、多层次的报道——"街坊"主打市民身边新闻；"家事"聚焦家庭悲欢离合；"发现广州"讲述城市发展与变迁；"同声同气"弘扬岭南传统文化；"穿越今昔"回味历史往事；"广州好人"找寻城市草根英雄；"见招拆招"连线警方揭露最新诈骗伎俩；"市场"播报商场街市动态资讯……丰富的信息组合提升了本地新闻的可读性，有效维系了报纸的本土读者群。

3. 形式上借鉴网络新闻的处理手法

"第一纸"和"身边纸"的改版借鉴了网络新闻的编排手法，版面更加疏朗简洁、清晰直观、重点突出，提升"易读""悦读"的阅读体验。

报纸的封面页，即"第一纸"的"今日天下"版，由原来的"导读与索引"版升级而来，继续借鉴新闻网站首页的形式，将当日最精华、最重要的新闻浓缩在一个版面内，以"标题＋版面索引"的形式呈现给读者，最大限度提升了单位版面内的信息含量和视觉冲击力。

"第一纸"和"身边纸"参考新闻网站的信息分类模式，细分出多个版面和栏目，各部分都有着独特的主题内容和清晰的读者定位，将各类信息有序归并，同类信息集中呈现，不同的版面间设有清晰易辨的版头标识，方便读者在"厚报"中快速搜索、定位到所需的内容。

此外，"今日互动"版中的新闻稿件，尝试模仿网络新闻报道"正文区＋评论区"的呈现方式，在有关新闻事实的报道后方，刊载部分读者对此新闻的评论留言，使报道充满了互动感。版头醒目位置印有各种与报纸联系的方式，邀请读者"有话想说请@广州日报"，充当起新闻网站的"评论框""评论"链接的作用，读者阅报不再只是单纯地"看新闻"，而是与报纸一同"聊新闻"。

三、形态创新是实现报纸品牌增值的有效手段

"第一纸"和"身边纸"为《广州日报》的报纸品牌经营注入了新的活力，其积极的形态创新是报纸完善服务、超越竞争对手的战略路径，更是报纸实现品牌增值的有效手段。报业品牌价值的提升，意味着报纸竞争力的提升。高品

质的报纸产品必须是与时俱进、不断改良的，新媒体时代如何实施报纸形态创新，真正获得效益的提升和品牌的增值？笔者认为可从以下六个方面进行考虑：

（1）认清报纸的自身定位和所处市场环境，明确创新方向和目标。报纸的形态创新是基于报纸已有的媒体形象和市场定位的一种改良和升级，创新前要深入调研报纸所处的市场环境，明确创新方向，找准时机推动革新。

（2）从读者的角度出发，满足读者不断变化的阅读需求。读者即市场，报纸的目标读者是一个动态发展的群体，要掌握读者在信息需求、阅读兴趣等方面的变化，有针对性地进行改良。

（3）综合把握内容和形式的双重提升。内容要借助优秀的形式来提升传播效果，形式要以高质量的内容为支撑，因此，报纸的形态创新不仅要注重提升报纸的可读性，还要强调对报纸速读性、易读性和悦读性的打造。

（4）要具有媒体融合的新观念。应积极整合新媒体的信息资源，善于从新媒体平台中挖掘新闻线索，拓宽报道面。对于新兴媒体在分众传播、受众参与互动性、相关信息链接报道、信息的视觉呈现效果等方面的优点，要积极地吸收借鉴。

（5）挖掘本地新闻市场的潜力。心理距离和地理距离上的接近性使读者总是对身边新闻充满关注，报纸应该发挥自己的地缘优势，在形态创新的过程中注重对本地新闻市场潜力的挖掘。

（6）打造报纸品牌栏目和特色版面。塑造产品特色，这将有利于报纸在读者中建立起品牌标识，提升品牌形象。

（原载于《青年记者》2013年第8期）

一体化传播凸显媒体融合创新优势

——2015 年媒体"两会"报道综述

在 2015 年的"两会"报道中,一体化传播成为一大亮点,从中央媒体到地方媒体均对当前媒介融合发展路径做出了有力探索,争相打造全媒体报道平台,取得了良好的传播效果,提供了可供借鉴的实践经验。

作为全面深化改革的关键一年,2015 年的"两会"未启先热,得到海内外舆论的高度关注和期待。在新常态的时代背景下,中央政府的执政理念、国家发展战略、经济增长模式以及治理结构布局会有哪些变化,无疑是"两会"的热点话题。对于一年一度的"两会"报道来说,如何将宏大的主题转化为吸引人的新闻议题,使党和政府的执政理念"入脑入心",仍然是媒体面临的一大考验。当今时代是媒介分众化、信息碎片化和社会舆论日趋多元化的时代,媒体只有在弘扬主旋律的同时创新报道形态、最大化利用新闻资源、打造新闻精品,才能在激烈的信息竞争中立于不败之地。刘奇葆在"学习贯彻习近平总书记关于媒体融合发展重要讲话精神座谈会"上强调,加快推动传统媒体和新兴媒体深度融合,牢固树立一体化发展观念。一体化发展,就是要实现各种媒介资源、生产要素的有效整合,实现信息内容、技术应用、平台终端、人才队伍的共享融通,形成一体化的组织结构、传播体系和管理体制。

一、热点化思维构筑舆论强势

"两会"是我国政治经济社会的重要缩影,既凝聚着过去一年的艰辛付出,也规划着新一年的发展大计。对于民主意识和政治参与意识日益增强的我国公民来说,"两会"无疑是一项最重要的"公众议程"。但为期 10 余天的会议,如若媒体面面俱到、均匀发力进行报道,势必给公众造成老调重弹、不痛不痒之感,反倒将公众应当获悉的关键信息淹没于浪潮之中。事实上,"两会"年年有,热点却常常新。这就需要媒体不仅仅成为会议的记录者,更要在把握大局、深刻理解会议实质的基础上，有梳理追踪热点话题的问题意识，找准着力点重拳出击，进行多层次系统阐述，合力构筑舆论强势。

在 2015 年的"两会"上，全国各大主流媒体围绕当前党和国家的工作重点、人民群众的关注焦点，精心策划并推出了一批集思想性、政策性、指导性于一体的报道。

"四个全面"在会前一亮相，就引发国内外舆论强烈关注，被定为本次"两会"的主基调。各媒体结合自身特色，各显其能，对这一热点做了重磅解读。相继涌现出《以"四个全面"统领创新驱动发展》《网民期待"四个全面"战略布局将谱写哪些"好声音"》《"四个全面"——实现中国梦之"四维"》《法国中国问题专家："四个全面"让更多中国人分享发展成果》等优秀稿件结合国内外知名专家学者的深入解读以及网民的心声，多面系统地阐述了这一全新战略布局的意义。

针对十八大以来的反腐风暴，举国上下皆拍手称快，各大媒体也不断回应着民众关切，以大量的篇幅先后推出《中央喊话：这三种"任性"要不得》《没有不受查处的"铁帽子王"》《9 天 6 次谈反腐，老王准备这样干》等稿件，传递反腐成绩，彰显中央的反腐决心。《中国纪检监察报》更是重点关注反腐倡廉，专门开设"代表委员看政风反腐"等专栏，深入阐释今年反腐各项重点工作，成为该报一大亮点。

此外，足球改革问题、环境问题、司法改革问题都是 2015 年"两会"代表和委员以及民众关注的热点，各媒体也均从多个角度给予了关注，见诸报端后引发读者强烈反响。这说明，媒体只有将大政方针与公众关注相结合，才能找到最佳的报道切入点，把重要问题讲深讲透，写出一批有高度的优质稿件。

二、平民化视角凝聚社会共识

每年"两会"，人大代表和政协委员们齐聚一堂，商议国是。但"两会"绝不仅仅是代表、委员的盛会，更关系到每一个普通公众的切身利益。2015 年的"两会"报道相比往年，更多选取平民化视角，媒体成为政府与公众之间有效的沟通桥梁，政策下达、民意上传，两者之间密切互动，报道不再是"官样文章"，而是体现出浓厚的人情味。如此一来，既满足了老百姓的信息需求、调动了其参政议政积极性，又有利于中央在制定政策的过程中顺应民意、提高决策水平。具体来说，平民化视角表现在以下几个方面：

1. 重视民意，先调查才有发言权

3月初，媒体纷纷开通多种投票渠道，就2015年"两会"公众关注的话题进行调查。例如新华社连续第9年推出"两会"调查，参与人数超过22万，新华网数据显示今年网民最关注的"两会"热点是收入分配，占网民票数的7.41%；其次是反腐倡廉和医疗改革问题，分别占7.13%和6.94%。经过调查后，媒体再针对热点有的放矢地进行一系列报道，大大提升了报道的针对性和传播价值。

2. 政策解读生活化，语言应用"接地气"

可喜的是2015年"两会"涌现出的大批报道都以公众实际生活为切入点，寻求能够引发共鸣的话题，可谓以小见大。此外报道语言也一改之前的正统腔调，尤其是在网站、微信公众号、客户端等新媒体渠道上，稿件或轻松活泼或自成一体，具有很强的可读性。《独家 | 开会遭围堵 -_-! 委员"雪球"指数大盘点（内附逃跑攻略）》，轻松调侃会内会外；《人民日报》全媒体平台产品《书话两会》则采用章回体评书报"两会"，于经典中锐意创新。

3. 深入一线采访，凸显人文关怀

俗言道"民生无小事"，很多耳熟能详的新闻作品都来源于寻常百姓最真实的生活状态，这是新闻最鲜活的素材。只有脚踏实地了解人民群众切身的利益诉求，才能为人民代言。"新华社发布"客户端3月6日推送的《总理报告中的无电人口过着怎样的生活》一文，是记者亲赴西藏日土村，观察当地村民的日常境遇后采写，文章满载真情实感，感染力强，形成了良好的社会扩散效应，是该客户端"两会"期间阅读量最大的稿件之一。

4. 强调互动交流，保障参与主体多元性

线上线下，会内会外，媒体、政府、公众三者间关系更加协调；从一言堂到众言堂，从单向度传播到多向度传播，两会报道也越发走向成熟。新华网《网友献策"2015政府工作报告我来写"》收集到网民建言逾6 000条，《两会热力榜——与代表委员隔空对话》引得众网友点赞；央视新闻频道推出12期独家策划《两会解码，群策群力》，将代表、委员和网友拉进同一个微信朋友圈，就每期主题畅所欲言、各抒己见，得到了网友的热情参与。

三、形象化解读打造视听盛宴

互联网时代是信息爆炸的时代，受众倾向于浅阅读、碎片化接收信息，对生动形象的影像信息情有独钟。媒体虽不必一味迎合受众需求，但也不应固守一隅裹足不前，应当因势而动、顺势而为，创新报道形态，提升传播的艺术性。两会报道对国内各级主流媒体而言，可谓"开年大考"，信息扎堆、内容庞杂。如果对大量数据文字进行简单的堆砌罗列，势必难以勾起受众的阅读兴趣。2015 年"两会"上，媒体可谓费尽心思，多元化的信息呈现方式让人眼花缭乱。

1. 数据图表化

数据是"两会"报道中必不可少的内容，但数据密集"轰炸"又会让读者产生"数字疲劳"。3 月 4 日，《人民日报》微信公众号推送了《该交账了！李克强总理在去年两会上的承诺都兑现了吗?》一文，用条形统计图将 2014 年"两会"政府工作报告中曾经承诺的任务量与一年之后政府实际完成的任务量对比，用量化论据论证了过去一年中国取得的成就。该文一目了然，说服力极强，阅读量达到 10 万以上，逾 8 000 网友点赞，是该公众号"两会"期间最受欢迎的稿件。

2. 趣味漫画

时政漫画在国外风靡已久，但在国内仍然是比较新颖且引人入胜的新闻表现形式。央视网推出的《漫话两会》系列，以手绘漫画的形式向网民普及提案议案如何产生、《立法法》有哪些内容、李克强总理怎么开会等"两会"百科，被网友赞为"轻轻松松长知识"。

3. 音视频

音视频与其他传播形式相比，传递信息更为全面和准确，且形象直观、现场感强、表意丰富，给受众提供了更广阔的视角。人民网在喜马拉雅电台开设栏目《人民网带你听懂两会》，提供记者会现场及采访代表委员时现场录制的音频；《人民日报》客户端独家策划《一分钟听两会》，每天 1 分钟播报"两会"花絮。值得一提的是，各大主流媒体引入动漫制作技术，将抽象的经济概念和专业术语变得鲜活有趣，例如人民网《51 约会》系列时政视频卡通片以及央视网《漫话两会》系列视频，每次 1 分钟左右调侃式讲述时政，短小精悍，让人意犹未尽。

4. HTML5 轻应用

2014 年"两会"报道中，HTML5 新技术小试牛刀，2015 年则真正拓土封疆，异彩纷呈。HTML5 是第五代应用超文本标记语言，代表着未来 Web 的发展趋势，它的优势在于支持音视频、支持多种浏览器，可用于创建有更优用户体验和互动性的 Web 应用，可开发游戏，更适用于移动设备。随着移动互联网技术的发展，人们更多使用移动终端获取信息，HTML5 技术恰好满足了用户需求，因而在此次"两会"广受好评。纵观各媒体制作的 HTML5 作品，大部分采用幻灯片式玩法，稿件图文并茂，用户点击屏幕可翻页，这是最早期也最典型的 HTML5 应用，简单且容纳信息量大；更创新的方式则是在页面融入音频、视频、图片、图表、音乐、互动调查等元素，或开发与主题相关的小游戏，灵活性强、娱乐性提高，丰富了用户的试听感受，也悄然拉近了"两会"与普通老百姓之间的距离。如《最强大脑之赶考两会》《过去这年小明如何打通关》《创客需要的神装备》。

四、一体化战略提升传播格局

媒体融合一直是新闻传播领域的前沿热点，但多年实践下来，"传统媒体业务与新媒体业务总体还是并行的，整体优势没有充分发挥出来"。媒体融合的关键并不在于增加信息资源、采编人员、刊播平台，而在于树立一体化战略理念，形成一体化组织结构，整合多种传播资源，平台之间融会贯通，真正做到你中有我、我中有你，实现传播效应最大化。

1. 组织架构一体化

媒介的运行机制、组织架构隶属于传播制度，传播制度对于报道形态内容间接起制约作用，是所有报道样态背后牵引的暗线。实施一体化战略，就必须打破传播媒体与新媒体之间的制度藩篱，重塑组织架构，再造采编流程。2015 年的"两会"报道中，从中央媒体到地方媒体都做出了有益的尝试，邀海内外多家媒体的记者编辑组成多个共同的报道小组，生产要素统一管理、新闻报道统一策划并完成采编制作，并且按照刊播平台的不同特点进行内容放送。如《人民日报》全媒体平台"中央厨房"、新华社融合报道平台、《南方日报》融合小组等。这样的运行模式大大提高了新闻生产效率，使更多的人力物力投入创新，而不是各自为政，对会议内容进行千篇一律的重复。

2．传播资源一体化

新媒体时代仍然是"内容为王"的时代，信息资源仍然是媒体的核心竞争力。围绕同一个重大主题，新闻媒体必须运筹帷幄调兵遣将，用多样化的内容要素、不同的角度支撑主题的发挥，形成相对完整的表意系统，才能达到层层递进的传播效果。"新华全媒头条"在"两会"期间每天推出一个专题，专题中包括主打稿、视频、高清图集、时间线、消息、评论、人物通讯、投票调查、图表、微博互动、轻应用等，根据专题需要进行灵活选择，可谓"只有想不到没有做不到"，体现了强大的信息整合能力。

3．刊播平台一体化

媒体不断拓展传播渠道，但平台分散之后受众也相应分散。这就需要平台之间无缝对接，使各自拥有固定使用习惯的用户可以在平台之间轻松转换，便捷地尝试更多媒介产品，进而成为媒体的忠实受众。从 PC 端到移动端，从移动端到电视……这个过程中媒体需要提供最优的用户体验。如人民网"微解两会"系列，话题具有很强的吸引力，但网站上只有 17 张图的标题，必须用手机扫描二维码才能阅读全文；"新华全媒头条"在网上的每篇专题都以扫二维码的方式与客户端对接；央视新闻则利用微信摇一摇功能，邀观众在收看《两会解码，群策群力》栏目的同时通过微信摇一摇建言献策，连通了荧屏与手机屏，2 天之内参与人数过百万。这些有效的用户导流方式值得更多媒体借鉴。

2015 年"两会"已经落下帷幕，其中涌现出的优秀新闻作品让很多人耳目一新、过目难忘，各大媒体在融媒实践上的探索对于未来的媒体一体化进程也有重要的启示意义。需要在观念上明确的是，一体化传播不是一句空口号，它需要新媒体和传统媒体不断做出切实的努力，两会之外，融媒小组也应该成为常态。随着媒体的深度融合，报道形态也会日新月异，但这并不意味着内容品质的降低。媒体仍然应该深耕细作，呈现精品内容，提升新闻产品的附加值。同时在舆论多元化的背景下，媒体更应该掌好舵，"胸怀大局、把握大势"，善于把握引导舆论与反映民情之间的平衡点，从而更好地发挥沟通政府与民众之间的桥梁作用。

（原载于《传媒》2015 年第 4 期）

融合与跨界：广播节目形态的传承与创新
——纪实广播剧《太平洋大逃杀》的启示

作为一种传统的广播节目形态，广播剧在传播平台单一、传播渠道匮乏的时代，不仅成为一种普及率极高的传播形式，也为广播节目的创新提供了一种技术与市场优势互补的典范。但是随着新媒体的快速发展，广播生态，包括内容的生产、形态的变革、终端的搭建以及用户关系的开发都体现出与以往不同的特点。广播剧如何做好传承与创新成为广播电台内容变革亟待解决的现实问题。

一、广播剧传播形态的"不变"与"变"

（一）广播剧传播形态的"不变"

广播剧是以音频为传播载体，以音乐、音响等技术手段，以配音演员多元化的声音叙事塑造人物形象、反映人物命运、呈现故事冲突的艺术形式。具体来说，"广播"指的是主要的传播媒介；"剧"指的是戏剧。所谓戏剧，是指由人物、语言、动作、舞蹈、音乐和场景等元素综合到一起以形成一个完整叙事的舞台表演艺术。作为一种特有的艺术形式，广播剧具有如下几个特点：

1. 以声音形式来建构叙事

广播剧的脚本大多来自文学作品的改编，创作者将文学作品中情节丰富、线索复杂的文字符号转化成广播剧中富有感染力的声音符号，需要经历一系列解码—编码的创作历程。在一个完整的叙事当中，文字有着叙事、描写、抒情、说明、议论等不同的职能和作用。因此，在转换成声音符号进行广播剧的创作时，需要多种声音形态来建构叙事，使得情节丰富、完整，赋予听众想象空间。

在广播剧的多种声音形态中，演播者自身的声音是最基本的，也是叙事的核心元素。除此之外，音乐作为叙事的铺垫和烘托，音响作为还原场景和渲染细节的辅助手段，在建构叙事中同样必不可少。好的音乐及音响效果可以为烘托情节起到画龙点睛的作用。只有当演播者的声音与音乐、环境音响完美地融合在一起的时候，才能够将演播内容诉诸听众的听觉和想象力，在戏剧的场景和画面缺失的情况下也能够形成极强的感染力。

需要注意的是，与其他戏剧形式如话剧、歌剧、音乐剧甚至电视剧不同，广播剧的主体由音色鲜明的话剧演员和配音演员构成，其叙事带有鲜明的语言艺术表演特色和个性化的特征。从传播效果上讲，广播剧追求的是题材要有吸引力、声音要有感染力、表演要有想象力。广播剧缺少可以帮助建构情节的视觉表现形式，单凭听觉来理解一个叙事，这对于受众来说看似是一个单调且费力的过程。但实际上，正是因为广播剧可运用的形式较为单一，创作者不得不对声音的质量精益求精，经过艺术加工后的声音演播携带着大量的画面信息，可以激发受众的想象力，这也是广播剧的魅力所在。

2. 以声音媒介为播出载体

早期的广播剧一般采用磁带录播或制作成 CD 出版，但主要的播出平台还是广播电台。生活当中的声音媒介有很多，从最早的留声机、收音机、随身听，到如今因新媒体技术发展而不断兴起的个人电脑（PC）端和移动终端的线上平台、客户端等，都可以成为传播声音的媒介。换言之，新媒体的发展使得广播剧的播出平台大大扩展，但播出平台的本质没有发生变化，无论是传统的广播电台还是如今较为普及的喜马拉雅 FM、蜻蜓.fm 等线上平台，转变的只是收听的途径，声音传播的本质没有改变。

传播载体的本质没有发生改变，就意味着广播剧的创作道路、戏剧特点和艺术内涵基本不变。当前广播剧的衰落与新媒体的冲击并没有必然的因果关系，相反，分众传播可以使得广播剧的创作方式更加多样、艺术风格更具特色、传播途径更加精准，也使其更具有传播效力。回顾广播剧的发展历程，广播剧一直是党和政府进行新闻宣传、建设精神文化生活的重要文艺形式之一，特别是改革开放之后，《二泉映月》《南宫玲霞》《序幕刚刚拉开》等作品的问世掀起了广播剧创作和收听的高潮。到 20 世纪 90 年代，电视的普及给广播剧带来了巨大的冲击，分流了广播剧的受众，由于两者传播平台的差异，广播剧始终没有和电视媒体实现很好的融合。

（二）广播剧传播形态的"变"

作为广播媒体重要的传播形式，广播剧在广播节目生产制作中占有重要的位置。中共中央宣传部"五个一工程"奖、中国广播影视大奖都将广播剧列入奖项，广播剧拥有其独特的艺术价值、市场价值和受众基础。当然也要看到，在媒体格局、传播方式发生变化的条件下，广播剧的传播生态也发生了明显的变化。

1. 广播剧的创作主体从专业化向社会化转变

传统的广播剧，从剧本的改编、配音演员的选择到音响合成等都有着明确的专业分工，故事的主角基本是由专业的话剧演员或配音演员担当，后期制作也由专业团队完成。这种经由广播电台播出的"我说你听的方式"构成了传统广播剧从传者到受众的单向传播模式。但在新媒体时代，传播渠道的拓展使得受众对媒体产品的选择权增多，广播剧的单向传播变成了受众与创作主体之间的双向互动，广播剧的内容和形式的主导权开始由"以传播者为中心"向"以受众为中心"倾斜，反映到广播剧创作上的一个显著特点是广播剧的表演主体从专业化向社会化转变。这是因为互联网应用的普及降低了广播剧传播的门槛，一方面每个人都拥有传播的渠道，并且有机会参与广播剧的创作；另一方面，广播剧的制作已不是一种专业技能，影视制作软件的便利化使得普通人都可以利用习得的技术进行广播剧的生产与传播。

2. 广播剧的传统受众向网络用户转变

传统的广播剧受众是相对固定的，其最主要的受众就是有着长期收听广播习惯的听众。而且听众在传播流程中的角色是被动的，只能在电台规定的播放时间、频率里进行收听，收听时长和片段的选择也完全由电台决定，自主性较低。但在移动互联网时代，用户的信息消费有着相当大的自主性和主动权。在互联网的资源平台上，用户可以随时随地选择收听自己喜欢的节目内容，并且可以在同一时间对不同的广播剧进行非线性的切换。也正因为这样的传播优势，一批符合网络用户收听习惯的、新的广播剧形态应运而生，比如微广播剧、类型广播剧、IP（版权）广播剧等。

3. 广播剧的传播平台从传统媒体向垂直音视频网站和社交媒体转变

垂直音视频网站和社交媒体平台的兴起，使得广播剧的传播渠道从电台这一传统的播出平台向多样化的播出平台转变，渠道多样化带来的是传播的分众化、精准化和差异化。在这样的态势下，广播剧不再只是经由广播电台传递的一种文艺节目，而是可以跨界与其他媒介进行融合的全媒体艺术形态。广播剧的跨界，一方面体现在广播剧可以在电台、音视频网站、社交媒体、客户端、微信公众号等多个平台跨界传播；另一方面，也体现在广播剧的创作题材来源更加多元，除了专业的广播剧作家创作的脚本之外，来自生活当中的真实事件、网络上流行的虚构与非虚构故事资源、其他艺术形式的叙事改编等都可以成为广播剧的题材来源。与广播剧跨界传播相对应的，是广播剧与其他媒介和艺术形式的融合，既体现在广播剧的创作主体和创作手段开始借鉴其他的艺术形式，更体现在新形态的广播剧融合了更多的用户群体，这些都使得融合态势下的广播剧重新凸显其应有的艺术价值和市场价值。

二、广播剧纪实作品《太平洋大逃杀》案例分析

《太平洋大逃杀》是由蜻蜓.fm、乐视影业和时尚传媒联合出品的根据真实事件改编的广播剧，也是国内首个由新闻深度报道改编的广播剧。2016 年 10 月 21 日，该剧试听会亮相乌镇戏剧节受到好评，广播剧全集于 2016 年 11 月 5 日正式上线以后，创造了广播剧网络点击浏览多年未见的盛况。广播剧《太平洋大逃杀》在内容创作、艺术呈现和跨界推广等方面都进行了探索和创新，有几点经验值得总结和借鉴。

（一）内容创作上注重用户体验设计

《太平洋大逃杀》以记者的特稿为事实依据，在此基础上又邀请曾为电视剧《铁齿铜牙纪晓岚》编剧的史航对其叙事情节和叙事结构进行重新整合。一定程度上讲，广播剧《太平洋大逃杀》本身就提供了一个体现生死主题和戏剧冲突的悲情故事，极易造成用户先入为主的感知印象。它讲述的是山东省荣成市鑫发水产公司的大洋鱿钓船鲁荣渔 2682 号 2010 年 12 月出海前往秘鲁、智利海域钓鱿，此后渔船失去踪迹，最后只剩 11 名船员生还。该渔船在出海八个月后被中国渔政船拖带回港。历时近两年的侦办和审理后，11 名生存船员被判杀害 22 名同伴，其中 6 人被判处死刑。其中的一名船员赵木成，因卷入杀戮事件被判处有期徒刑四年，四年后刑满释放的赵木成接受记者采访，还原了整个事件的过程。

除了故事本身的吸引力，剧本在内容创作上还考虑到该剧主要是通过客户端平台推送，大部分听众是手机移动端用户，因此剧本的内容编排和章节设置都符合互联网传播 UP2U（User Planning to User）原则，简单来说就是情节符合

用户收听习惯，呈现"短、平、快"的特点。广播剧全集共分为六个章节：征兆、杀人鱿鱼、嗜血鳖、借刀杀人、梅杜萨之筏以及未完的结局，每集 15～22 分钟。每一集都会呈现出新的矛盾和冲突，使得情节环环相扣、高潮迭起，叙事结构上极为精致，同时又符合网络碎片化收听的特点，情节推进不陷于冗长。这样的情节编排与传统广播剧层层递进、逐步渲染的风格有很大区别。

（二）多重的叙事视角和多样的表现手法

叙事视角是指对故事内容进行观察和讲述的特定角度。对于传统的广播剧来讲，叙事视角一般只有一个，主人公的第一视角或是旁白转述的第三视角。而在《太平洋大逃杀》中，记者、故事亲历者赵木成以及第三视角的旁白讲述均在剧中得到呈现。同一个故事，从不同的视角去讲述，会呈现出不同的效果，加上旁敲侧击的细节的相互印证，让整个叙事具有很强的代入感。比如亲历者赵木成的讲述主要为听众还原故事发生的真实情景，记者的讲述则偏重于对情景的解读和分析，旁白转述在气氛渲染和情节交代上起到了很好的铺垫作用。多重视角的叙事，可以在有限的节目容量里为听众提供更为丰富的信息，使得广播剧在编排结构上更加符合用户体验。

在表现手法上，除了王学兵、张译、张杰、姜广涛、芒来、罗兵等专业演员的演播之外，该剧还独具匠心地增加了记者与中国人民公安大学教授李玫瑾的访谈对话环节，深入分析故事人物的复杂心理和事件缘由。剧中的记者与教授不是由演员扮演的，而是来自现实生活中具有真实身份的个体，这使得该剧在探讨人性这个话题时更具深度和说服力。在演播的语态上，既有专业演员戏剧化的演播语态，也有非专业演员真实的生活语态，两种语态的相互结合，使得剧中人物的情感变化真实自然，让听众产生身临其境的体验。

（三）多平台融合制作和跨界联合推广

《太平洋大逃杀》的故事本身就是一个热点新闻，在广播剧未推出之前就已经在网络及各大社交媒体上引起广泛关注。《太平洋大逃杀·亲历者自述》这篇特稿从 Esquire 特稿实验室推出，到乐视影业竞标获得版权并着手开发不同文本形式的产品，再到与蜻蜓.fm 平台合作率先推出广播剧，这本身就是一个跨界合作的过程。可以说，《太平洋大逃杀》这部广播剧从孕育到出生都是不同平台跨界合作的结果。跨界合作使得该部广播剧未播先红，积累了大量潜在的受众资源，最后落地的推广平台蜻蜓.fm 又在新兴的网络广播平台中拥有较强的传播力和市场号召力，能够带动其他社交媒体进一步转发，实现二次融合。成功的跨界合作必然带来产品与多种平台的融合，从广播剧《太平洋大逃杀》的推广过程中可以发现，广播剧的跨界与融合不是简单的"跨"与"融"，不是简单地将已有的广播剧直接投放到不同的平台上，而是要将跨界合作贯穿到广播剧的剧本创作、生产制作与营销推广的完整过程中。

三、《太平洋大逃杀》对广播节目形态创新的启示

广播节目形态的变革有着多方面的现实因素，而媒体融合是直接影响传播要素作用方式的主要动因。所以广播节目形态的创新与其说是基于节目形态自身的变革，不如说是因应当下传播格局、传播方式变革的一场自我革命。因此，广播剧《太平洋大逃杀》的现实价值不仅仅在于单一个案的传播效应，对广播节目形态的创新同样具有示范性的启示。

第一，坚持内容为王，努力发掘好故事。好故事依然是广播节目的核心竞争力，传统广播剧的故事常来自文学作品的改编，而《太平洋大逃杀》来源于真实的新闻事件，属于非虚构作品，这一特点能够更好地激发听众的关注兴趣。同时，好故事在其传播的过程当中能凭借其本身的新奇性和海量用户的关注度，达成向 IP 转化的市场效应，在满足游戏、广播剧、电影、动漫等衍生产品开发需要的基础上，为优质 IP 创造了价值延伸的可能性。

第二，坚持用户为要，不断满足市场日益变化增长的消费需求。具体来说，就是要在节目的创作理念、选题策划、内容生产、传播渠道和传播方式等方面，关注用户兴趣、提供用户体验、体现用户价值，最大限度地开发用户资源、提升目标用户忠诚度，不能自弹自唱、自娱自乐。

第三，坚持技术为先，以各种手段强化传播的针对性和专业化。从广播剧的制作来看，在技术手段的应用上可以借鉴大数据分析的手法，从既有的用户数据库中梳理分析用户的节目消费习惯，以用户的消费偏好来选择脚本和演员，从而取得可预期的市场效应和社会效应。2013 年美剧《纸牌屋》的热播可以说是这方面成功的样本。对广播节目来说，首先要建立自己的听众数据库，把用户资源转变为一种市场效应。此外，在专业化生产方面，要把纪实性叙事、场景化再现和艺术化创作有机地结合起来，努力提高节目的感染力和吸引力。

第四，坚持融合与跨界，以多维度思考、多手段制作、多平台营销实现传播效果的最大化。既要考虑节目内容的不可替代性，也要考虑用户对选题内容的需求动机；既要借鉴传统广播剧生产多年的经验模式，也要探求多种介质跨界整合的可能性路径；既要利用传统广播渠道的优势，也要积极参与互动平台的搭建，同时利用市场热点和话题进行网络营销。总之，广播节目形态只有因时而变、顺势而为，才能在媒体融合的大潮中完成新的跨越。

（原载于《中国广播》2017 年第 7 期）

营销创新篇

· · · · · ·

广州报业零售市场调查解读

零售状况是衡量报纸的读者拥有量和市场占有率的重要指标，也是反映一个地区报业发展市场化程度的重要参照。近年来，在广州地区日趋激烈的报业竞争中，无论是历史悠久的"三大报"还是"新生代"报纸，无不将零售作为开发本地市场的突破口。2001 年，暨南大学新闻与传播学院从广州市现有的3 026 个报摊中，按各城区报摊的比例抽样选择 90 个进行调查，调查结果从侧面反映了广州地区报刊零售市场的流通情况和读者的阅读取向，对广州报业市场开发不无启示意义。

一、广州报摊零售基本情况

调查显示，广州市每个报摊零售报刊的平均种数为 32 种，其中，广州三大报业集团所属的报刊占据了较大的市场份额（见表1）。

表1 广州报摊零售报刊信息情况

报刊来源	平均种数（种）	所占比例（%）
广州本地报刊	21.5	67.2
中央级报刊	3.6	11.2
外地报刊	6.9	21.6

这些报刊按出版周期分，日（晚）报平均有 8.6 种，占销售总数的26.9%；周报和月刊平均有 19.1 种，占销售总数的 59.7%；不定期出版的报刊为 4.3 种，占销售总数的 13.4%。广州市民一向有"饮早茶、叹报纸"的消费习惯，所以报摊的营业时间基本上是与茶市的开张时间相一致。调查表明，本市 90% 的报摊在早上 7 点以前开始营业。其中早上 5:00 和 5:30 开始营业的占

6.4%；6:00 开始营业的占 26.3%；6:30 开始营业的占 22.6%；7:00 开始营业的占 36.2%；7:30 以后才营业的仅占 8.5%。广州读者这一独特的信息消费习惯，成为当地报纸零售竞争的直接动因：报纸的出版时间越早，其在零售市场上就越能赢得读者的注意力。

二、影响报纸零售的主要因素

1. 广州读者对报纸内容的要求

对报社来说，报纸营销就是要使其内容和广告信息尽可能吸引读者的注意。从本次报摊抽样调查反映的情况来看，广州地区的读者在选择订阅或购买报纸的时候，主要考虑以下几方面的因素。

一是报纸的特色。在回答"愿意选择哪一类型的报纸"的问题上，有41.8%的报摊经营者认为读者更愿意选择购买"贴近生活、实用性强"的报纸；有 25.6%的报摊经营者认为读者愿意购买"抨击时弊、题材重大"的报纸；有 18.6%的报摊经营者认为读者更愿意购买"轻松有趣、可读性很强"的报纸；也有 14.0%的报摊经营者认为"说不清楚"。（见表 2）

表 2　读者择报因素占比

读者择报因素	所占比例（%）
贴近生活、实用性强	41.8
抨击时弊、题材重大	25.6
轻松有趣、可读性很强	18.6
说不清楚	14.0

二是报纸的报道方式。在回答"自费订报或买报时所看重的最重要的因素"的问题时，大部分报摊经营者认为，好看的报纸应该是"报道及时、时效性强""内容实用、贴近生活""内容好看、可读性强""版面漂亮、印刷精美""内容丰富、篇幅较大"。可见，新闻的时效性、内容的可读性和版面的美观大方仍是影响读者选择和购买报纸的重要因素，这与广州报纸近年来报业改革的整体趋势和一贯追求是基本一致的。

三是报纸的报道题材。在回答"最希望从报刊上了解哪些方面的报道题材"的问题上，报摊经营者认为，读者最看重"热点人物或事件""热点性话题报道""批评揭露性报道""实用经济和社会信息"等方面的内容。可以看出，随着社会的发展，读者的信息需求有了很大的变化，对于新闻报道已经不再满足于一般意义上的信息接收，还希望通过新闻报道了解与自身需求和利益相关的事情，即不但要知晓事件"是什么"，而且关注"为什么"。

在具体问及"广州报刊市场上哪些报刊最好卖"的问题时，报摊经营者按照"非常好卖""比较好卖""不太好卖"等三个选项进行了选择。调查结果显示非常好卖的报纸是《广州日报》《南方都市报》《羊城晚报》（详见表3），这在一定程度上反映了广州报业零售市场的基本情况。

表3　广州报刊市场零售情况

零售情况	报纸名称
非常好卖	《广州日报》《南方都市报》《羊城晚报》
比较好卖	《新快报》《南方周末》《南方体育》《信息时报》《羊城体育》《21世纪经济报道》《足球报》以及文摘类报刊
不太好卖	《南方日报》《粤港信息日报》《赢周刊》《羊城晚报·新闻周刊》《中国经营报》

2. 广州读者对报纸价格的承受力

目前，报纸基本上采取两种定价方式：

一是根据竞争对手的产品价格来定价，降价成为市场竞争的重要手段。降价销售使报纸在直接收益下降、总成本上升的同时，发行量大幅度增加，对广告客户的吸引力日益增强。比如前两年南京地区"报业大战"的主要特点就是依靠价格手段来扩大报纸的市场份额。事实上，广州日报报业集团的子报《信息时报》的低价策略也确实在零售市场上取得了一定的效果。

二是参照行业的整体情况来定价。广州地区报纸定价总体上属于这种情况。目前广州地区主要报纸的价格基本上处于同一水平线，即在1元上下浮动。从这次调查的结果来看，有44.2%的报摊经营者认为报纸价格在0.8~0.9元比较合理；有29.8%的报摊经营者认为应在1~1.4元；有18.4%的报摊经营者认为报价在 1.5～1.9 元读者也能接受；认为报价应在 0.80 元之下的仅占 7.6%。可见，目前广州报纸的价位，与读者对报纸价格的心理预期比较接近，报纸价格尚不能成为影响广州读者订阅或购买某种报纸的最主要因素。

3. 广州报纸的销售渠道

从 20 世纪 90 年代开始，广州各大报为适应报业改革和发展的需要，结合各自的实际情况先后组建了发行公司和报纸连锁店，并采取自办发行为主、多样分销模式。从这次调查的情况看，广州报摊销售的 60% 以上的报刊是由报社的发行公司和连锁店自办发行。其中由报纸发行公司配送的占 55.4%，由报纸连锁店提供的占 8.3%。而邮局提供的报刊仅占调查总数的 9%，由报头提供的占 25%，通过其他渠道配送的占 2.3%。由此看出，在广州地区的零售报刊来源中，基本上形成了以报社自办发行为主、多种发行渠道并存的格局。

在报纸的市场销售中，报纸发行公司与报纸分销商是一种互利合作关系。确定合理的报纸销售折扣率，不仅有助于充分调动分销商和报摊经营者的积极性，而且对扩大报纸的零售有直接的效益。据统计，广州市有七成的报摊报刊零售折扣在八到八五折，其中八五折的报刊占 32.56%；八折的报刊占 39.53%；七五折的报刊占 19.77%；七折以下报刊占 8.14%。经综合测算，目前广州报摊所销售报刊的平均折扣接近八折（7.94 折）。值得一提的是，通过邮局和报头配送的折扣率均低于市场平均折扣率，而由报社和杂志社发行公司直接配送的报刊折扣率均高于市场平均折扣率。

另外，根据报纸的不同特点，广州报纸在具体的销售策略上也采取了"包销"和"代销"，两种方式灵活使用。调查显示，报摊采用两种销售方式的报刊比例占到 50%，其中包销的占 22.1%，代销的占 27.9%。总的说来，大部分日报（晚报）相对偏重于"代销"：《新快报》代销占 80.1%、《广州日报》代销占 77.8%、《羊城晚报》代销占 66.7%、《南方都市报》代销占 61.9%。而周刊（报）则以"包销"为主，如《南方周末》包销率 70%、《羊城晚报·新闻周刊》包销率 70%、体育类报纸包销率 71%、生活与消费服务类报纸包销率 60%、文摘类报纸包销率 60%。而经济类周报一般情况下"包销"和"代销"各占一半。

4. 广州读者对报纸促销方式的认知

促销是报纸市场营销的最后一个环节，其实质是报社通过广告、公关等宣传手段与读者以及外部环境之间进行信息沟通的过程，目的在于培养、提高报纸在读者心目中的忠诚度，扩大报纸的社会影响。从本次的调查来看，报摊经营者普遍认为选择有效的促销方式，可以有效地吸引读者的注意力。在他们看来，在目前可供选择的报摊促销方式中，最具促销效果的是"随报赠送礼品（占 65.3%）"，其次是"附送精美广告画册"（占 12.7%），第三是"买报赠报或赠送有奖印花"（占 5.8%）。最具促销宣传效果的方式是"印有报刊标志的遮阳伞"（占 53.5%），其次是"给下雨天买报的读者提供塑料袋"（占 20.9%），其他方式还有"印有报社字样的工作服、马甲、书包、太阳帽"（占 12.8%），"提供印有年历的宣传画"（占 9.3%），"醒目的悬挂招贴"（占 6.9%）以及其他（占 10.5%）。

此外，报摊经营者普遍认为，在目前报刊价格的总体水平下，报刊的外观对于促销的意义比价格稳定的意义更大。当问及"如果有两份报纸，它们的内容大体相同，但其中一份印刷质量更好、版面风格更为读者所喜爱，而它的价格也稍微贵一点（比如贵 0.1 元/份），在这种情况下，读者通常会做出哪一种选择时"，50% 以上的报摊经营者认为读者愿意多花点儿钱去买自己喜爱的那份报纸；有 29% 的报摊经营者认为读者愿意省点儿钱去买比较便宜的报纸，此外还有 21% 的被访者表示"说不清"。

三、广州报纸市场营销策略的启示

从广州市报摊零售情况抽样调查情况来看，随着广州报业市场的不断发展，读者的信息消费需求也在不断变化，读者对报纸的选择和认知也体现出新的特点。及时根据读者的意见反馈和市场的需求变化，来确立新的报纸营销理念和营销战略，以赢得读者的注意力资源，应该成为报业经营者的自觉意识。

1. 坚持差异化营销原则，提高报纸产品的质量

在竞争同质化的时代，差异化是提高报纸质量、保持报纸特色的关键。近年来，广州报纸之所以保持了良好的发展势头，是与其内容和形式不断改革创新分不开的。比如在内容上善于发现和揭示社会生活中的"盲区"，重视对传播层面进行开发，不断挖掘读者急需了解的深层次的社会问题及其社会意义；在形式上重视新闻内容的包装、策划，善于在形式上推陈出新。但是随着报业市场的不断变化，读者的信息消费需求也是日趋多样化。广州报纸只有不断创新，才能保持旺盛的活力，才能继续引领报业改革风气之先。

2. 采取合理灵活的价格策略，力争读者利益的最大化

由于目前各地报业市场特点的不同，在报纸的价格策略方面也体现出一定的差别。但总的原则是在提高质量、服务读者、赢取效益上做文章，而不是靠价格战。就报社来讲，降价销售不仅会加大报社的运作成本，而且会因恶性竞争导致报业整体利润水平的下降，并造成不良的社会影响。从读者来说，零售价格上的优惠与所提供的内容上的优惠相比，后者给读者带来的收益要更大。所以，广州报纸目前采取的扩版增容的方式，是基于读者利益最大化的一种价格策略，无疑更吸引读者。

3. 拓宽分销渠道，规范和加强报纸发行管理

目前广州报纸的发行基本上形成了以自办发行为主、多种发行渠道并存的局面，同时在拓宽分销渠道方面进行了一系列大胆的创新和探索，比如在报纸上加印条形码以利于报纸直接进入超市。但报刊发行中一定程度上的"双轨制"的存在，也使广州报纸的自办发行市场和邮发市场出现一些不规范的经营行为，被业内称为"报纸走私"的现象已经对报社的利益造成一定的损害。所以如何正确处理邮局发行部门和报纸分销商的矛盾、报纸异地发行与当地报纸的竞争和合作问题，应该引起报纸经营者的高度重视。同时要充分重视分销商的作用，认真听取他们的意见，鼓励他们参与决策，让他们感到自己也是塑造报社品牌的重要一员，而不是单纯的报纸销售商。

4. 在促销手段上大胆创新，不断提高报纸发行的社会效益

广州报纸在促销方面也是新意迭出。比如《南方都市报》春节期间的"真诚服务送福到家"活动、"都市小区文明共建"活动、"乘飞机看南方都市报"活动、"千名大学生送报到手"活动；《羊城晚报》每月一次的读者抽奖活动、"读羊城晚报 看中变成果"的读者联谊活动；《广州日报》的京广线列车冠名赠报活动。显然，与过去的"买报赠报""随报附送礼品"的促销手段相比，这种促销手段更具人情味，更有利于强化报社与读者之间的沟通，更有利于建立报纸与读者和社会之间的忠诚度，从而使报纸的营销活动成为提高读者社会生活品质的重要内容。

（原载于《新闻记者》2002 年第 12 期）

"泛阅读时代" 图书媒体的功能定位与营销变革

中国出版科学研究所进行的第五次全国国民阅读与购买倾向抽样调查数据初步分析结果显示：2007 年国民图书阅读率（指每年至少读一本书的读者在识字者中的比例）较往年呈持续走低态势，网络阅读率则大幅攀升。[①] 客观的数据印证着不少人判断 "泛阅读时代" 潮势的不可逆转，即在经历了 20 世纪 80 年代以来到现在 30 余年发生的传播技术和社会变迁后，中国社会阅读已经从一种相对经典的传统阅读发展到大众俗文化阅读，阅读形式也从经典的书籍阅读发展到视觉化媒体、互联网、手机等日益纷杂多样的 "泛阅读" 形式。本文立足于近年来市场化图书出版业与大众媒体的关系发展的视角，结合 "泛阅读时代" 的社会信息传播背景，提出并归纳 "图书媒体" 这一概念，梳理此类媒体的业态格局，分析其功能定位及发展趋势，并通过《南方都市报·阅读周刊》《新京报·书评周刊》等业界实例分析，在图书媒体与图书出版营销的互动模式创新上进行一些初步的探讨。

一、图书媒体的内涵与业态现状

随着人类传播技术的发展更迭，历史上更早扮演最重要角色的媒介——书籍的地位逐渐被报纸、广播、电视及网络所取代，以致现今一本书的出版营销密切依赖后者进行推介和传播。尤其值得注意的是，近年来随着我国出版业市场化改革不断推进及网络媒体等新兴媒体引发传播格局 "洗牌" 效应逐渐凸显，受众的阅读环境面临着 "泛阅读时代" 的浸染。于是，我国 "图书媒体" 的群起性现象在业界蔚为大观。

---

① 社会学视野，http://www.sociologyol.org/she-huibankuai/shehuipinglunliebiao/2008 – 04 – 26/s236. html。

"图书媒体"这一称谓的提出始于 2005 年。当时由图书资讯网、秀世图书传播机构发起并主办，由新华网、人民网、搜狐、网易等网站联合协办的"2005 年度中国十大图书系列评选"活动中，首次设置了"十大图书媒体"的评选。除前三名为图书专业媒体外，即《中国图书商报》《中华读书报》和《出版人》杂志，《南方都市报》作为大众综合类报纸凭借其周日增刊《阅读周刊》排名第四，最早显现出图书媒体在大众类纸媒上的发展势头。

图书媒体即大众传媒（包括网络），在传播内容上区别于新闻信息发布，主要是指以书籍介绍、出版信息、书评或内容节选等构成的一类媒体形式的总称。

可见，相较于逐渐独立于副刊的图书媒体在纸媒上的强势发展，广电媒体上的节目数量可谓寥寥可数。然而，央视仅存的《子午书简》（2005 年年初《读书时间》被末位淘汰）和凤凰卫视的《开卷 8 分钟》，以摆脱单纯朗诵的清新节目形态吸引了不少观众的眼球。在以文字传播为特点的纸媒，图书媒体的发展可谓呈燎原之势，除去出版专业类，全国有影响力的综合性日报陆续创立阅读版或文化版，如《中国青年报·文化·阅读周刊》《南方都市报·阅读周刊》等。

有调查显示，目前中国的网民人数有近 2 亿，平均上网时间为每周近 20 个小时。七成的中国网民曾在网上购物，而最受欢迎的网上商品正是书籍。有近六成的网上买家选择在网上购书，可见读者的阅读习惯和购物习惯已呈现网络趋向化。[①] 传统媒体的明智之举是依托自身的内容资源，采取向网络延伸的发展战略，拓宽在线图书销售渠道。如今，我国图书媒体在网络上的发展初步呈现了出版专业类、门户网站阅读频道和网络书店三足鼎立的格局。

二、图书媒体的功能定位

1. 图书媒体的阅读功能

在日益激烈的媒体竞争环境下，以广告销售为媒体主要盈利模式作为内在

---

① 梁建华：《传媒类图书出版的现状与出路》，《编辑之友》2007 年第 4 期，第 25 页。

驱动力,决定了媒体需要以吸引受众为中心,以拓宽传播内容争取收视(听)率或发行量的最大化。因此,图书媒体的出现,则可看成是大众媒体与图书出版业自然的市场化联姻。以平面媒体为例,肇始于报纸副刊,发展到以周末阅读版或增刊形式存在的图书媒体,是"在厚报时代成为吸引、团结一大批有较高文化品位的读者的重要纽带,引领着新时期晚报、都市报副刊设置与定位的新路向"①。

缘于媒体自身不同定位及确立的受众传播定位,图书媒体可以在内容上划分为两种:一是传统的内容摘录或节选类型,在广电媒体上比较普遍,如中国广播网文艺之声《长篇连播》《长书短读》,央视科教频道《子午书简》。但由于与受众互动的局限性,这类图书媒体的生存普遍面临挑战。二是兼书评、推荐性阅读和介绍名家阅读生活等综合类型,如《南方都市报·阅读周刊》,设置文学、社科、历史、文化等版面,还以作者访谈形式推荐阅读等创新形式组版,观察出版趋势,反馈阅读流变,以丰富的信息量为受众提供了一种书籍的"浅阅读"体验。

2. 图书媒体的评介功能

图书媒体的推介与评价功能是大众媒体与出版企业或经销商合作的核心因素。"泛阅读时代"促使图书媒体拓展图书市场,把握整体脉搏,更多地担负起为受众"淘书"的角色,并通过年度或月度的畅销书排行榜、章节选登或选读、名家书评或读书推荐等形式,向读者推介图书。

图书宣传方式大致有两种:第一,出版发行的相关信息的发布,如首发式,签名售书,书讯,创作及编辑过程,作者、出版者的介绍等;第二,图书内容信息的张扬,如针对主要观点进行的学术讨论、讲座、书评等。② 图书媒体的评奖与书评可谓图书营销的"发酵剂"。业内人士在赴美考察美国书评业后指出,重要的书评刊物不仅是图书馆采购人员的向导,也是整个图书批发零售系统的指南。亚马逊(Amazon)网上书店明确告诉读者,凡《纽约时报·图书评论》的书一律六折至七折出售,这充分说明书评在这家权威书店的市场影响力,

---

① 陈朝华:《以做新闻的激情热待每一本好书——南方都市报〈阅读周刊〉07 年度精选序言》,http://blog.sing.com.cn/s/blog/c6e12d101008db9.html。

② 刘拥军:《图书营销案例点评》,苏州:苏州大学出版社 2005 年版。

其他许多连锁店和独立书店也是紧跟书评导向。①

媒体激烈的市场化竞争也要求图书媒体需要在评介形式上创新。其中,《南方都市报·阅读周刊》每期的"重点"版采取专题策划的操作对一系列图书进行批量推介就值得业界借鉴。

3. 图书媒体的营销功能

图书媒体的营销功能首先集中体现在网络书店上,以卓越网、当当网、新华淘书网为典型模式,图文并茂地推介页面、灵活的折扣会员制度和送货上门、货到付款等快捷服务逐渐为人们所接受,并大大延伸图书的"生命周期"。亚马逊是图书界于1995年第一个实行网上售书的商务网站,并随后以7 500万美元的价格收购了当时中国最大的网上音像图书销售商——卓越网,利用强大的系统开发将其"引导卖书"(hand selling)的观念诉诸消费者,取得了预期的市场效应。笔者以"网络书店"关键字搜索,反馈得到170个网络书店的网页链接,列表还不包括新华淘书网、广州购书中心等拥有强大货源的各地新华书店的网络书店。② 可见,网络渠道的图书营销市场存在经销商或出版社进一步挖掘并实现行业"洗牌"的空间。

其次,依托大众媒体的广告平台是图书营销的重要一环。"在传媒经济时代,没有大众媒体的参与,任何一种图书要成为畅销书几乎是不可能的。"③ 1999年,科利华公司运作《学习的革命》,大手笔投入2 000多万元在电视媒体上刊登图书广告,即"中国电视史上第一次有公司为一本书做广告",达到轰动效应;至2001年,《图书的革命》一书创造销量600余万册,堪称中国图书营销史上的经典案例。④ 随后几年,"爸爸系列"、《谁动了我的奶酪》、《狼图腾》、《于丹〈论语〉心得》、《货币战争》等年度畅销书的打造,无一不遵循运用整合营销手段、借助大众媒体扩大图书影响力的市场推广路径。

---

① 董锦瑞:《出版营销:紧牵公共关系传播的手》,《编辑学刊》2005年第3期,第42页。
② 广捷网,http://gjj.cc/GouWu/ShuDian。
③ 刘拥军:《现代图书营销学》,苏州:苏州大学出版社2003年版,第243页。
④ 刘拥军:《图书营销案例点评》,苏州:苏州大学出版社2005年版。

表1　图书媒体分类

图书媒体	广播	中国广播网	《品味书香》
			《长书短读》
			《名家书场》
			《畅销书屋》
		地方台	首都生活广播《读书俱乐部》
			上海故事广播《书市排行榜》等
	电视	中央台	科教频道《子午书简》
		地方台	凤凰卫视《开卷8分钟》
			北京电视台《非常接触》等
	报纸	出版专业类	《中国新闻出版报·读周刊》
			《中国图书商报》
			《中华读书报》
			《新华书摘》
			《出版商务周刊》
		综合类	中国青年报的《文化·阅读周刊》
			《南方都市报·阅读周刊》
			《新京报·书评周刊》
			《南方周末·阅读版》
			《河北日报·文化周刊》等
	期刊	出版专业类	《中国图书评论》
			《读书》
			《出版人》
		综合类	《三联生活周刊·三联新书》
			《南风窗·南书屋》等
	网络	出版专业类	中国出版网
			新华淘书网
			中华读书网等
		门户类	新浪网·读书
			搜狐网·读书
			人民网·读书文化
		网络书店	卓越网·图书
			当当网·图书
			全国网络书店联盟网等

4. 媒体品牌与文化载体

《南方都市报·阅读周刊》编辑部结集出版的一本2007年书评精选的《序》中自评："以清新脱俗的文风、启蒙心志的品趣、体察现实的情怀、追踪思潮的敏锐，构建并呈现出有自我格局、有自己灵魂的都市副刊新模块，而读书版无疑是审视《南方都市报》副刊的文化个性与价值取舍最开阔最活跃的标本。它的独立姿态与评判深度，它的专业操守与表达高度，是缔造《南方都市报》文化影响力和公信力最锐利也最沉实的符号谱系。"

"在阅读越来越边缘化、隐私化的浮躁与断裂中，致力营建可供精神审美赏鉴交流的心灵公园，让寂寞的读书人因蜜寻花，把知识界文化人的最新成果推向公共阅读的鸣奏"。[①]《南方都市报·阅读周刊》倡导的公共意识和高端的文化气度是暗合母报以及集团的媒体定位。

因此，不同定位的品牌图书媒体的出现，要求出版营销的推广策划与之找到契合点，借助品牌图书媒体发布信息定向宣传，才能更快捷地找到目标受众，实现与图书媒体的双赢市场。

三、图书媒体的营销

1. 图书媒体的广告营销

观察现在业界图书广告的分布，绝大部分集中在专业类图书媒体上，如《中国新闻出版报》《中国图书评论》等；而刊载于大众类图书媒体的广告除书评旁配发封面及出版信息形式之外，则难以觅见。局限于编辑内容而忽略经营版面，应该是图书媒体发展普遍遇到的瓶颈。近年来，媒体停办图书宣传专栏的普遍现象，可以看作是媒介竞争市场化下对缺乏图书广告挖掘的图书媒体的现实妥协。《南方都市报·阅读周刊》虽设有版面广告，却皆与出版营销无关，如医疗、票务、寻人启事等大分类广告，这种版面广告形象与打造品牌图书媒体的定位稍显落差。

因此，图书媒体在图书广告的挖掘上、经营版面或改革节目形态上，需要更多的创新思维。比如《南方周末》连续用1/3版面刊登《后台》（南方日报

---

① 陈朝华：《以做新闻的激情热待每一本好书——南方都市报〈阅读周刊〉07年度精选序言》，http://blog.sing.com.cn/s/blog/c6e12d101008db9.html。

出版社出版）前后两辑的图书广告，并且将集团同系列媒体活动的信息发布常态化操作，这种做法值得业界借鉴。

2. 图书媒体的策划营销

首先，就图书媒体自身而言，通过策划活动塑造自身品牌的个性，以品牌号召力吸引双向市场，即处于上游的出版市场和处于下游的受众市场，最终打造有话语权的营销平台。例如，现由《南方都市报·阅读周刊》与《南都周刊》联合主办，2003 年发起的"华语文学传媒盛典"，下设年度杰出作家、年度小说家、年度诗人、年度散文家、年度文学评论家和年度最具潜力新人六个奖项。其坚持艺术质量和社会影响力并重，以当年度优秀的华语文学作品为评选对象，所坚持的专业性和公正性获得了华语文学界的广泛赞誉。从 2008 年第六届开始，华语文学传媒盛典奖"从过去单一的颁奖典礼扩展成华语传媒文学周"，[1] 包括笔会、名家演讲、文学沙龙、文学对话、首届生态文学论坛等系列活动，通过《南方都市报·阅读周刊》的特辑形式发布获提名作家、作品介绍、颁奖活动等信息，在网络上联合"新浪读书"开辟专页，整个"华语传媒文学周"活动策划在社会上实现了较高热度的文学影响力。

其次，出版企业与媒体的联动策划，从图书选题、设计、营销整个流程实现互补合作。最典型的是报刊或电视节目的图书合集，以媒体的新闻性和灵活性配以图书的文化性和系统性，如《于丹〈论语〉心得》《新周刊 2000 年佳作》，在受到市场追捧的同时，也是扩大出版企业品牌的文化载体。1999 年 3 月成立的南方日报出版社，清晰定位于挖掘南方报业丰富的新闻及媒体从业资源，打造传媒品牌图书，"在 1999 年出版的 25 种图书中，新闻纪实类图书品种就占了总出书量的一半以上"。[2] 南方日报出版社的媒体文化品牌也就此打响，并不断推陈出新，如 2007 年至今的《南方准记者训练营》《后台》《记者如何专业》，都取得学界和业界的持续热购。

3. 图书媒体的整合营销

图书媒体在联系出版业内部各环节、沟通书业与读者、服务图书系统营销上，可以发挥大众化信息发布媒介的优势，把握图书市场脉搏，在配合图书销售、对接终端读者产业链的互动营销模式上创新。图书媒体依托其信息传播功

---

① 新浪网·读书，http://book. Sina. com. cn/news/c/2008 – 03 – 17/1711231688. shtml。

② 张靖：《新闻媒体与图书出版越走越近》，《西藏日报》，2002 年 5 月 26 日。

能，一方面以图书广告、书评推介等形式将出版信息传播至读者，扩大促进图书市场营销的宣传，并形成"读编互动"；另一方面，通过市场的反馈，与图书编辑、图书出版及图书销售形成互动，促进图书出版业的市场化良性发展。

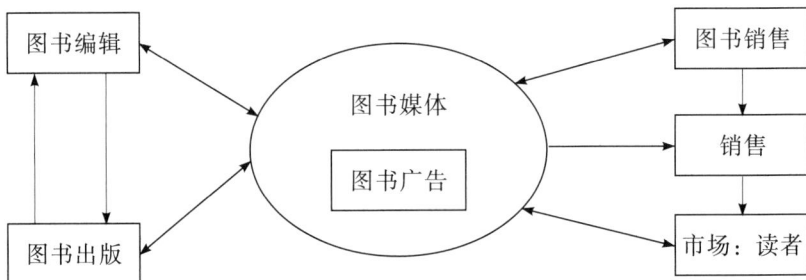

图 1　图书媒体与图书营销模式

《南方都市报·阅读周刊》与广州购书中心联合推出的"我爱我读青少年阅读计划"，将推介与促销结合，读者凭报纸印花购书享受折扣，这是经销商与大众类图书媒体联姻的主要营销手段。而《中国图书商报·阅读周刊》为强化图书卖场导购功能，策划实施了"书香社会区域合作伙伴计划"，这是以全国性专业类图书媒体为核心，各地经销商加盟的规模图书营销模式。该计划包括"采取向加盟卖场读者和会员读者定期赠阅《阅读周刊》，加盟书店的名单每期在报纸亮相，加盟书店每周主推图书信息在《阅读周刊》同期发布"等五项内容，① 目前已经有近200家书店加盟，形成出版与销售产业链在利用图书媒体平台上的良效衔接，这不失为互动营销模式的创新之举。

（原载于《编辑之友》2009 年第 3 期）

---

①　中国图书商报网站，http://www.cbbr.com.cn/copyright/shuxiang.html。

一个传媒职业经理人的"水浮莲"式落定
——记《东莞时报》总编辑谭军波

谭军波，现任东莞日报社副社长、《东莞时报》总编辑。曾参与《南方都市报》《南方日报》自办发行，2001 年进京创办《京华时报》，主管发行，赢得"魔鬼发行"之誉。后转战渝、沪、湘等地，探索自办发行的新模式，不断实践，不断总结，著有《发行中国——一位传媒游侠的实战秘笈》一书，于 2006 年 6 月出版。

自 2001 年创办《京华时报》起，谭军波在 8 年间转战了 6 家媒体，其间他经历了怎样的传奇？

"我就像一个传媒江湖的游侠"

谭军波，祖籍湘西，成长于广东部队大院，1982 年考上中山大学中文系时，他已随父"转战"四个部队。1986 年毕业分配至南方日报社，奉"人挪活，树挪死"为格言的谭军波，早期十一载媒体采编角色就不断变换：既当记者，也做编辑；起步在报社总部，下过基层记者站，曾被《南方周末》派往北京驻站；"舞文弄墨是强项"，既跑社会新闻，也跑过娱乐新闻、经济新闻。

1997 年，正值《南方周末》声名鹊起之时，谭军波突然放弃颇有成就感的采编岗位，自告奋勇转入草创初期的《南方都市报》。他剑走偏锋提出"一流人才搞发行"的口号，转身成为一名职业发行人，在当时视采编为正统的南方日报社，引起不小轰动。他大胆试水"报刊自办发行"，很快获得了市场的认同。在接手发行工作半年后，《南方都市报》发行量猛增十倍。随后，《南方日报》也沿袭自办发行之路，成为全国范围省（市）委机关报发行量的领头雁。

真正让谭军波在传媒业界扬名的是他北上创办《京华时报》。"确切地说，我的职业经理人的生涯应从《京华时报》算起。"谭军波和他的团队引入南方的办报理念与经营模式，使《京华时报》在北京纸媒早报类市场中取得了不错的成绩。

"我就像一个传媒江湖的游侠,从南到北,再到西。" 3 年后,谭军波再度离开《京华时报》,西进山城,加盟《重庆商报》。谭军波不仅尝试对旧队伍进行改造,试验一个个创新举措,同时摸索专刊的定位与采编考评体系。2005 年 10 月,谭军波东进《上海证券报》担任副总编;2006 年 6 月,他又应邀南下参与《广东工报》体制改革,同时成立"谭军波工作室",其间出版《发行中国——一位传媒游侠的实战秘笈》;2007 年 1 月,谭军波赴《三湘都市报》任副总编,尝试改造壮大三湘发行队伍。然而,在"内忧外患"之下,谭军波最终只是接连度过了一段"空降兵"短暂的岁月。

2007 年 9 月,谭军波落脚东莞日报社,操盘创办《东莞时报》,正式告别 8 年漂泊的传媒职业经理人生涯。"流浪传媒江湖的 8 年是中国传媒狂飙突进的年代,各类报刊纷纷创办,市场化探索逐步深化,业外资本大量进入,职业报人纷纷跳槽……我很幸运,什么都让我赶上了,并投身其间,推波助澜。8 年,浓缩了我生命轨迹的精华。"在新的一站,谭军波正式与"八年漂泊,八年风雨"职业经理人的生涯说再见,同时居身于新一轮传媒市场洪潮中。

更新观念立足本土:迎接地市报的春天

选择落脚东莞报业,并非谭军波的一时冲动,而是他凭借资深职业经理人的敏锐触角,基于对地市级报纸市场潜在空间的理性判断。谭军波认为,从专业的角度来说,纸媒下一轮的亮点是地市报的改革发展,而《东莞日报》本身的改革就很有标杆意义,地市报办的都市报如何经营,很值得探讨。

谭军波认为,从报业发展规律来看,报业如今已进入细分市场的分众传播时代。在国外,面向全国大范围发行的报纸凤毛麟角,小范围区间的社区报则欣欣向荣;从国内来看,报业竞争走过三个阶段:20 世纪 80 年代全国发行的以《中国青年报》等为代表的中央级大报影响极大;90 年代省会城市、中心城市的报纸竞争加剧发展迅猛;而现在二级市场的地市级报纸开始发力,预示着地市报的时代真正到来了。

从报业经营规律来看,报纸质量与经营状况不一定匹配。在广东,几乎所有的地市报论办报质量都不如《广州日报》《南方日报》等大报,但几乎所有的地级市党报的广告收入都比大报的地方版高。由此可见,地市报面对大报地方版竞争,应拾起"本土就是主流"的利器,更新观念,具备改革意识、竞争意识，遵循市场规律办报。

"什么样的人做什么样的事。人是最宝贵的决定因素。有了人即可解决理念的先进，操作的到位。"谭军波认为，对于办报来说，人才、体制机制非常关键。作为地市报改革的先锋，东莞日报社集中引进了执行总编、执行副总编、视觉总监、评论主笔等关键岗位的人才，助力《东莞日报》改版。

"本地新闻是地市报的撒手锏"，谭军波认为地市报应对大报地方版冲击的关键在于坚持对本土新闻产品优势挖掘。"从民生角度做时政新闻，不能只见物不见人。"作为地市报，打"贴近牌、温暖牌、互动牌"是讨巧的选择，谭军波操刀创办的《东莞时报》2008年创刊之初就唱响了"贴近就是力量""打造本土最温暖的报纸""办全国互动性最强的报纸"等口号，并倡导"大片式"的社会新闻。

谭军波要求《东莞时报》的内容保持独特的品质，与对手差异化竞争。"要以创新的、柔软的、灵动的、有文采的文本替代八股的、传统的、死板的、生硬的文本；强调形式的创新与悦目。包括标题制作的通俗化、口语化，版式的杂志化，图表、图示的大量运用，图片的放大抢眼等；要求社会新闻的故事化与人性化；探索时政新闻的规模化与速度化，等等。"

2009年5月20日，《东莞时报》进行了创刊以来的第一次版面优化升级工程。其核心就是强化本土新闻，从原来的十几个版扩至28个版左右，使本地新闻更加丰厚，并有意识打造好调查、人物、沸点、现场、头版、二版等品牌专版。同时，对版式进行调整，追求疏朗、大气、清新的风格；此外对文本创新更为重视。焕然一新的《东莞时报》更为悦目。

2008年3月26日创刊的《东莞时报》9个月广告近两千万，最高发行量达到18.5万份，"称得上旗开得胜"。

"四轮"驱动的"东莞经验"

传统报刊的营销观念是先把产品做好，再把版面卖给广告商。产品做好了，广告自然来。"酒香也怕巷子深，现在是信息过剩的时代，酒再好也需要吆喝。"谭军波结合《东莞时报》的经营模式，提出"四轮"驱动的媒体整合营销理论，"以前我们喜欢提三轮驱动，即产品、发行、广告的互动。现在我们要提四轮驱动，即产品、发行、广告、活动的互动。恰似一部汽车，四个轮子一齐转，才会跑得快，任何一个轮子慢一点，与其他轮子不协调，都会拖慢整个速度"。

于是，谭军波主持创办的《东莞时报》一开始就设立了品牌推广部，与广告、发行、采编平起平坐，"等量齐观"，从组织上保证活动部门的地位。品牌推广部引进精兵强将，组成"特种部队"，主要谋划活动。每周例会各部门要汇总活动情况，并提出各部门配合的要求。针对重大活动还会召开专门的协调会进行讨论。

"我们做活动的规则是以活动养活动。去年仅品推部拉来的活动赞助就有200多万元。"一年来，谭军波主持创办的《东莞时报》广告收入突破两千万，在整个纸媒低迷的状态下，有此成绩，引起业内高度关注。"搞活动可以盘活资源。资源恰似一个个珍珠摆在那里，需要一根红线将其串起来。"谭军波认为地市报应重视盘活本地资源，并巧妙用之，作为媒体区域竞争利器。例如，2009年《东莞时报》与东莞会展中心签订合同，组织"五一购车节"活动；7月31日，东莞日报社与政府相关部门合作，广泛招商，主办东莞60位"锋尚人物"评选活动，作为庆祝新中国成立60周年的一项本土化新闻策划。

"当然，每个地区每个报纸的情况都不尽相同。有的招数在这里适合，在那里不一定适合，需实战检验。"谭军波如是总结自己的"四轮"驱动活动观，"但是，其本质是一样的，办报的规律是相通的。只要我们拥有改革的勇气与决心，敢于对大报'亮剑'，加上合理的战略战术的运用，地市报绝对能与大报抗衡"。

落定的"水浮莲"

"微风拂来，水浮莲都会动，如遇暴雨成灾，鱼塘涨水或决堤，水浮莲会顺水而溢，有的漂到下一个鱼塘，有的会停在河基，成为旱莲……大学毕业至今，不足20年，我曾在3个城市买房，5家单位就职，换了6个手机号码，搬了12次家……我的父亲对我8岁的女儿说：你爸爸是游击队长，你和你妈是游击队员……"谭军波2005年曾撰文《我爱水浮莲》自勉，风火创业路上，他似乎没有任何消停的念头。"我就像那水浮莲一样，随处漂移。"

"如今，更懂得随遇而安，顺其自然了。"4年后，任职东莞日报社，操盘《东莞时报》及东莞日报社自办发行团队的谭军波愈加满足落定的状态，工作之余，他以淘碟看电影为乐，还在《东莞时报》开辟专栏《波记话碟》，推介"有价值的作品"。"新媒体冲击下，地市报却还有很大的潜力可挖，我有机会搭上最后一班车，尝试地市报的改革，真幸运。""水浮莲"落定后的谭军波，憧憬着在地市报迎来新一轮报业发展的春天。

（原载于《新闻与写作》2009 年第 11 期）

变革中的广州报业市场

广州，地处改革开放前沿，较为宽松的政治环境、活跃的市场经济氛围和强烈的生存竞争意识推动了广州报业的改革与创新。广州也因此成为中国报业市场化程度最高、竞争最为激烈的区域之一，省市级党报的市场化探索、老牌晚报的坚守与谋变以及新兴都市报的胆识与爆发力在这里都得到了充分体现。

改革开放至今，广州报业市场经历了以扩版为重点的间接性价格竞争、以改版为重点的内容竞争、以自办发行和广告营销为重点的服务竞争、以拓展报业市场空间为重点的规模竞争、以提升品牌影响力的品牌竞争等几个阶段，如今以传播技术数字化和媒体形态新型化为特征的全媒体竞争也已拉开序幕。

纵观广州报业市场的发展情况，极少出现发行价格战这样的恶性竞争，而是在有序的竞争中，以创新—模仿—再创新的良性循环来寻求报纸价值的提升，实现传播价值和市场价值的最大化，在办报理念、内容生产以及管理机制创新等方面创造出了中国报业发展的"广州模式"。面对新的市场环境和新媒体的挑战，广州报业如何在突围中转型，在转型中蝶变，此中的经验与教训对中国报业的发展转型具有参考价值。

一、内容市场：求新求变

新媒体刚刚兴起之际，广州报业曾将更多的精力投入滚动新闻的发布上，以期与新媒体拼速度。但是经过几年的贴身肉搏，广州报业对纸质媒体的属性有了更清晰的认知。近年来，广州地区的几大报业集团均把强化内容优势作为报业安身立命的根本，在深度报道、时政新闻报道、报纸杂志化、优化报纸视觉传播等方面做出了积极的探索。

深度报道是传统媒体与新媒体短兵相接的撒手锏。进入新媒体时代，"与其拼速度不如比质量"成为传统媒体决胜新媒体的新认识，广州报业的几家媒体也有此共识。早在 2006 年 4 月，《广州日报》就推出深度报道版——《新闻蓝页》。2011 年，《广州日报》提出"从快报、厚报转向优报"的思路后，深度报道成为各部门着力发展与挖掘的方向。

2009 年，在《南方日报》创刊 60 周年，第七次改版之际，推出《南方深读》板块，将"重点""深度""调查""时政南方眼""外眼探粤"等名牌栏目整合起来，重新冠名为"南方深读"。《南方深读》在选题上侧重于重大政策和省内重大新闻事件，通过"深读"对政府动向和重大政策进行更为深入、细致的解读。

2011 年 7 月，《羊城晚报》改版，报社内部称其为"自 2005 年 9 月 5 日以来，最大的一次内容变革"。除了增加 4 个新闻版外，其最大的特点是明确内容聚合的目标——"做好做大深度报道，做全服务资讯"，提出报纸内容变革的四大目标——"更高端，更看深读新闻""更理性，更看权威报道""更主流，更看丰富资讯""更本土，更看民生百态"。

但是成就深度报道并非一日之功，由于日报的出版周期短、采访投入大、记者专业化程度不高，很容易出现缺稿和稿件"注水"的尴尬局面。值得一提的是，《南方都市报》每周一期的《深度周刊》，注重选题和人力物力的投入，采写了一批有广泛社会影响的大稿，其专业化的报道已经赢得了良好的市场口碑，也为日报做好深度报道提供了方向性的借鉴。

时政新闻是提高媒体公信力和权威性的突破口。2011 年 8 月，《南方日报》第八次改版，专门开设《时局》板块，用《时局》板块统领几大版面。报纸采用大时政的理念，把报道范围拓展到经济、文化等领域，站在时代的高度和全局的高度把握、分析、解读，纵深感十足，展现出了与以往时政报道不同的特色。

2011 年，《广州日报》加强了国内重大新闻和国际新闻的采访力度，不惜增加采编成本，派出记者前往阿富汗、利比亚、叙利亚、埃及、泰国等地，力争在重大报道面前不缺席。

报纸杂志化运作日深，一改报纸内容混乱局面。《南方都市报》是广州报业市场中最早尝试报纸杂志化的媒体，在数年的摸索中，格局逐步完善并已形成规模。2011 年 6 月 27 日，国内公益慈善第一周刊——《南方都市报·公益周刊》出版，每周八版，设置封面、新慈善、深公益、社区社群、企业公民、社会创新、新益思、资讯服务等版面，目前运作状况良好。但是在报纸杂志化方面，广州部分报纸也存在一定的问题，如部分专刊是为抓住相关行业广告资源而设置，这就为隐形广告提供了空间，信息的提供者在真实性和权威性方面大打折扣，这一点应当引起报纸从业者的深入思考。

强化视觉传播，向"精报"转型。随着报纸"读图时代"的到来，报纸的版式设计、版面风格创新成为报纸吸引读者的"撒手锏"。广州报业历来开风气之先，在这方面也做了许多积极尝试。2011年，《广州日报》的封面设计大胆运用视觉元素组合，比之前的海报式设计更为鲜明，并通过采用大信息量的标题群、增加新闻特写图片等，使之更具视觉冲击力。

此外，早在2009年10月，《南方日报》在第七次改版中，就成功推出"双头版"的设计。所谓的"双头版"是指封面版与要闻版相互独立又有密切联系，封面版选稿偏重市场化，要闻版主要选取中央和省级重大政府新闻和重大国际民生新闻。"双头版"有效地打破了传统党报头版空间有限而要闻扎堆的难题。

经过分析，目前广州报业市场中各媒体的内容定位更为清晰，其中《广州日报》一直坚持深耕细作广州新闻，在此基础上布局珠三角二线城市；《南方都市报》进一步巩固其在全国的影响力，力图做到重大新闻现场绝不缺席，掌握主流媒体的话语权；《新快报》的封面设计更为大胆新锐，体现出由"厚报"向"精报"的转型。

二、发行、广告市场：稳中求进

2008年下半年，美国次贷危机引发全球经济危机，传统媒体的广告大客户如房地产、汽车、金融企业等首先受到冲击，继而影响了报纸的广告收入，一时间中国报业议论纷纷。与此同时，新媒体对传统媒体的冲击越发激烈，报业洗牌的时代已经来临。进入2010年，经济危机所带来的影响相对减弱，但危机之后，中国报业市场上的"马太效应"日益明显，"做一个区域的最强者"这一目标不断推动着广州报业市场的新发展。

在这一阶段，广州报业经过党报、都市报、晚报的市场细分，各报业集团之间的发行量和广告份额处于胶着状态，广州本地报业市场呈现饱和状态，因而要想打破现有格局、增加市场份额，将触角伸向广州以外的区域成为几家主要媒体的共同选择。

1. 发行市场新动向

从 2010 年开始，《羊城晚报》尝试分段出版、分区发行——早晨出版的《羊城晚报》面向除广州之外的珠三角地区发行，下午出版的《羊城晚报》面向广州地区发行。两个区域发行、两个内容版本，早晨版将全省性重大新闻作为头条，下午版则将当天广州市发生的重大新闻作为头条。

与此同时，《南方都市报》也积极扩展发行市场，将触角伸向港澳地区。2010 年 12 月，《南方都市报》开始在香港、澳门发售，其未来的发展方向是将"香港读本"和"澳门读本"单独成沓出版，实现《南方都市报》从"2 + 6 珠三角城市日报群"到"2 + 6 + 2（港澳）即"2 + 8 大珠三角城市日报群"的飞跃。

至此，广州报业在保持各报原有市场份额的前提下，积极开拓，锐意进取。《广州日报》坚守广州当地市场，继续深耕细作；《南方都市报》不断扩展影响力，积极进军港澳；《羊城晚报》则在巩固本地市场的基础上向珠三角两翼进军。

2. 广告市场新动向

在中国报业市场上，广州几大媒体的广告收入长期以来名列前茅。20 世纪 90 年代，《广州日报》就凭借早出报、自办发行和强势扩版的举措，以发行带动广告、以经营带动内容，一跃成为广州报业市场上广告收入最高的媒体，其广告收入已经连续 16 年位列全国报业之首。

同时，《南方都市报》凭借"大珠三角城市日报群"的发展战略，积极组团作战，通过在深圳等地的扩张，使其在传统媒体萎靡的大背景下，继续保持强劲的增长态势。据笔者搜集的数据，2010 年度，《南方都市报》及旗下媒体的广告营业收入达到 28 亿元；跨区域办报的产物《云南信息报》也于 2009 年扭亏为盈，2010 年经营总收入突破 1.5 亿元；奥一网经过多年打拼，取得 2 000 多万元经营收入且实现盈利，一举打破平面媒体所办网站不能赚钱的宿命，更探索出了适合南都全媒体发展的运营方向及路径。

但就《广州日报》和《南方都市报》比较而言，目前，《广州日报》的老大地位尚未被撼动，北京世纪华文国际传媒咨询有限公司（CCMC）的调查数据显示，2011 年 1—11 月，全国报纸广告投放前十名的报纸中，《广州日报》名列第一，《南方都市报》位居第四，但《南方都市报》及旗下媒体的抱团之势，也不容小觑。

同时，值得注意的是随着读者阅读习惯向数字化迁移，广告市场受到新媒体蚕食等影响，目前包括广州在内的全国报业市场，其发行量和广告收益已接近天花板，因此只能在新的传播渠道中寻求增值。

三、全媒体竞争：起跑线上的角逐

进入 21 世纪后，信息传播的高科技化和渠道多元化给传媒业带来了根本的变化，向新媒体学习、与新媒体融合成为广州当地媒体的共同选择，各报的全媒体实践逐步推进，并向更高层次演化。

南都全媒体集群的构建基本完成。从 2009 年起，《南方都市报》就提出了"构建南都全媒体集群"的设想，试图构建起大珠三角区域密集覆盖、全国重点城市深覆盖的，包括城市日报群、周报周刊、新闻社区门户、城市生活门户、无线增值业务、移动终端、广播电视、户外媒体、南方微博、南都官方微博群等在内的一张立体的、跨越不同时空的信息网络集群。

目前，上马 3 年的南都全媒体集群，从产品、媒介、终端到生产、营销、运营，实现了从简单相加到复合增值的蜕变。《南方都市报》对全媒体的率先布局和大胆尝试使得其在广州报业全媒体竞赛中居于领跑地位。

《广州日报》《羊城晚报》《南方日报》向新媒体要增量。与《南方都市报》不同，这三张报纸在稳定主营业务的前提下，采用保守的全媒体策略，即利用新媒体平台为新闻报道提供有效的服务。

以《广州日报》为例，2011 年上半年，《广州日报》滚动新闻部首次进行了滚动播报广州重大新闻的尝试。活动当天，由滚动新闻部和大洋网记者组成 5 个流动记者采访组，分布在广州各标志地段进行采访，外景直播信号与直播室信号穿插播出，收到良好效果。同时，《广州日报》也利用全媒体平台探索广告传播新模式，并实现了广告增量。

微博、QQ 报料让传播与互动无缝对接。2010 年被誉为微博元年，许多重大的新闻事件、新闻话题都最先在微博发布、传播和讨论。传统媒体纷纷开通微博，将微博作为内容传播和品牌推广的新渠道。广州几家主要媒体也先后涉足微博，取得了与读者的良好互动。截至 2012 年 3 月 20 日，《广州日报》的新浪微博粉丝数达到 149 万，《南方都市报》的新浪微博粉丝数超过 215 万。而面对主要竞争对手发力微博的状况，《羊城晚报》独辟蹊径，于 2009 年 8 月 27 日正式上线"QQ 报料"，这一平台将权威发布与民间发布相结合，媒体介入与受众参与相结合，咨询服务与社区交往相结合，令《羊城晚报》既避开竞争又获得了信息获取的新渠道。

抢夺移动客户端，但如何盈利尚不明确。2010 年 1 月 27 日，苹果公司发布 iPad，一款介于手机和笔记本电脑之间的"第三类移动设备"。它的问世及身后的移动互联网浪潮，让饱受"消亡论"威胁的传统报业看到了重生的希望。

2010 年 5 月，《南方都市报》首次推出 iPad 应用——南都 DAILY，其在 2010 年度 App Store 应用排行榜上，荣登报纸杂志类推荐首位。之后，《广州日报》和《羊城晚报》的 iPad 和 iPhone 客户端分别于 2010 年 7 月和 2011 年 4 月正式上线。

但是，尽管新产品的出现带给了报业新的转机，但摆在传统媒体面前的现实问题是以 iPad 和 iPhone 为代表的移动媒介同样以互联网络为支撑，因此不能例外地要顺应免费的大潮，使得传统报纸即使在平板电脑这一新媒介上另辟蹊径，其盈利的压力依然巨大，这一点也值得深谋远虑的广州报人积极思考。

纵观广州报业市场的多年发展，三家主要报业集团的竞争仍是未来的热点，但此时的竞争已由低层次的发行、广告之争转向面向未来的新媒体之争。

（原载于《传媒》2012 年第 1 期）

机制创新篇

…… ……

分销市场开放与报刊发行经营

根据 2001 年中国加入世界贸易组织时的承诺，我国新闻出版领域将对外有限度地逐步开放出版物分销服务业，"入世" 5 年后，出版物的分销企业在数量、范围、股权方面不再进行限制。报刊分销市场的开放对于我国的报刊业将带来什么样的影响？我们应该采取哪些新的发行理念、渠道和解决办法，才能确保我国的报刊业在分销服务方面的竞争力，这是报刊经营者当前亟须思考和解决的问题。

一、分销渠道对报刊经营的作用

在企业的经营活动中，产品分销是企业市场营销的重要组成部分，在激烈的市场竞争中，建立一个良好的分销渠道是企业开发和占领市场的关键。所谓分销渠道，是指 "分销过程中所涉及的一系列相互联系、相互依存的组织和个人，形成系统性的网络化分销通路，使商品和服务能够有效地从生产者转移到消费者手中。① 而生产者和消费者就构成分销渠道的起点和终点，产品价值的实现都必须依赖于分销渠道的畅通和分销服务的优化。

就报刊这种特殊的商品来说，其分销渠道主要是指包括零售和订阅在内的发行渠道。作为报刊传播活动和管理流程的重要一环，报纸发行不仅是衡量报纸的读者拥有量和市场占有率的重要指标，也是反映一个地区报业市场化程度的重要参照物，对于报刊产品的价值实现具有重要意义。具体来说，发行渠道在报刊的市场运作中主要有以下几方面的作用：

第一是报刊的分销。在大多数情况下，受时间、地理因素的限制，读者不可能直接到出版单位购买报刊；同时出于经营成本和发行效率的考虑，出版者也必须通过专门的发行公司将报刊送达读者，因此分销渠道就成为读者和报刊

---

① 黄丽薇、陈克明：《营销渠道的逆向模式》，《经济管理》2001 年第 13 期，第 49 – 51 页。

社之间沟通的桥梁。一个对目标读者市场全方位覆盖的渠道是报刊在经营上成功的先决条件。

第二是服务的传递。报刊的质量是实现其价值最大化的可靠保证，也是制定合理的分销、促销和价格策略的基础。但报刊质量的最终实现，必须有赖于报刊社对读者提供的服务水平的提高，有赖于报刊在多大程度上满足了读者的需要。而分销渠道为报刊社的服务提供了多层次的传递渠道，并影响读者对报刊内容的接受和报刊质量的认同。

第三是信息的沟通。作为沟通报刊和读者之间的桥梁和纽带，分销渠道一方面将新闻信息和报（刊）业文化传递给读者，赋予报刊以不同的定位和外在形象；另一方面，报刊利用分销商贴近读者的优势，及时获得读者的信息反馈和报刊市场的需求趋势，有利于提高报刊经营决策的贴近性和科学性。

第四是资金的流动。分销渠道的一端连接着读者实现报刊的价值，另一端连接着报刊实现的企业的利润，发行渠道的成员则同时获得自己的劳动所得。在报纸发行以邮发为主的经营态势下，发行成本高，资金周转速度慢，资金流动不畅成为制约报业经营活力的一个瓶颈。在发行渠道多样化以后，大大降低了报纸的发行成本，加快了资金周转速度，利于报刊发行经营步入良性循环轨道。

随着报业产业化程度的提高，报业市场日趋成熟，报刊发行的社会效益和经济效益也逐步体现出来。发行不仅成为报刊扩大社会影响力的牵引器，也成为显示报刊广告收益的晴雨表。特别是在中国"入世"的背景下，报刊发行对于报刊业经营的重要性日益凸显出来。

二、报刊分销服务业开放对报刊发行的影响

由于我国对媒体投资核心业务的政策限制，近年来境外资本在传媒市场并无大的作为。报刊分销市场的开放，为境外资本进入中国传媒市场提供了一个契机，也使报刊分销市场成为境外资本投资热点。事实上，近年来已有部分境外资本通过各种渠道投资媒体的分销市场，香港泛华公司于2002年9月宣布，旗下的泛华媒体服务将投资2.5亿元，与《人民日报》的大地发行中心成立"大华媒体服务"，经营报纸、杂志和书籍发行。总部设在广州的香港侨鑫集团也投资5 000万元，承接羊城晚报报业集团子报《新快报》的广告和发行经营

业务。同时民营资本涉足报刊分销业务在各地也已不是新闻。那么，报刊分销市场的开放和准入条件的放宽，对目前报刊的主流发行渠道将会产生哪些方面的影响呢？

第一，分销市场的开放将引入境外先进的分销模式和发行管理经验，改变原有的发行营销观念，推动报刊发行经营的机制创新。

第二，加剧终端零售市场的竞争，提高报刊发行的产业化、市场化水平。据国家新闻出版署的统计，目前，已有60多家境外企业在中国大陆设立办事机构，拟申请开办报刊分销企业。而民营报刊分销企业已在发行市场中占据一定的份额。一旦政策和市场时机成熟，它们将利用多年商业运作的经验和资金优势，迅速整合中国大陆的报刊分销渠道，与报刊的主流发行渠道形成规模竞争的态势。

第三，销售渠道的市场化将对报刊本身提出更高的要求，也将促进报刊内容和形式的改革，以增强报刊发行渠道适应性和品牌的不可替代性。同时销售渠道的市场化、多元化将有利于提高报刊发行企业的读者意识和服务意识。

第四，境外资本进入报刊分销市场，首先面临的一个问题是人才的本土化。由于境内的报刊社对发行经营人才的培养缺乏足够的重视，将使存量不多的报刊发行人才的竞争更加激烈。

三、目前报刊发行的现状及其存在的问题

从目前来看，我国现行的报刊发行体系基本上以国家邮政总局为主的全国性发行网和报刊自办的地区性发行网为主，邮局发行和自办发行是报刊分销的主渠道。根据慧聪媒体2001年7月对北京报摊的调查显示，90％的报摊销售的报刊是通过专门发行者（邮局和发行公司）配送的。在报刊市场化程度较高的广州，报摊销售的报刊中，由发行公司、报纸连锁店和邮局配送的也占到73％，而通过其他渠道配送的仅占27％。① 由于主流分销渠道长期处于相对垄断的地位，造成报刊分销市场缺乏有效的竞争，也出现了一些不容忽视的问题。

第一，报刊决策者和经营者对分销渠道建设缺乏足够的认识，这体现在一

---

① 张晋升、罗雄：《广州报业零售市场调查解读》，《新闻记者》2002年第12期，第53－55页。

些报刊经营者将报刊的分销简单地理解为报纸的销售。实际上销售和分销有着很大的不同：①两者的中心不同。销售是以产品为中心，注重的是产品销售的数量（发行量）；分销则是以消费者为中心，它通过对消费者需求的满足来创造利润。②两者的内涵不同。销售只是一种单纯的产品售卖活动，而现代市场营销中的分销不仅包括产品的销售，还包括根据市场需求和变化进行的产品开发、消费者信息反馈、渠道建设以及售后服务等全方位的营销设计。

第二，报刊发行的成本高、效率低、服务意识差的情况依然存在。一方面市场整体投放缺乏规划，不能及时根据市场需求配货，报刊配送量与实际需求不均衡，造成发行的浪费；另一方面不能配合报刊社品牌经营需要，切实提高有效发行。

第三，分销渠道管理不力，报刊发行过程中的"串货"现象时有发生。就报刊目前的分销渠道模式来看，无论是自办发行还是邮局发行（委托发行），一般都通过自建的发行网络（报刊连锁店）或联建的发行网络（邮局、投递服务公司或报头）等中间商进行销售，并就发行区域、折扣条件以及特定的服务内容等方面，对中间商的权利和义务做出明确的规定。由于报刊的生产出版者和中间商经营目标的差异，就会出现所谓的"渠道冲突"。比如出版者希望把最大的折扣让给读者，而中间商总想把更多的折扣留给自己，于是在报刊发行中出现了低价订阅，高价零售的"串货"现象，削弱了报刊出版者对销售渠道的控制和管理能力，从而导致报刊发行不能到位。

第四，一些自办发行公司虽然解决了服务质量问题，但由于资金渠道的限制和媒体之间存在的"门户"壁垒，在报刊发行市场上基本是各自为营、条块分割，普遍存在发行范围和经营规模过小的问题，从而影响分销服务业的成长壮大。

第五，报刊发行公司的发行队伍不稳定，发行队伍素质普遍较低，这一问题既体现在发行管理人员层面上，也体现在发行员工身上，从而直接影响了发行的规范化管理和服务水平的提高。

四、报刊分销业应对市场开放的策略

中国"入世"对于新闻传媒业来讲是挑战、机遇并存，报刊分销业应该利用这一契机进一步深化改革，不断提高分销业的市场竞争力。就目前来说，报刊分销业的改革应着力于以下几方面的工作：

第一，强化竞争意识，积极应对分销服务业市场开放的挑战。在报刊分销市场由相对垄断向充分竞争转化的态势下，报刊发行经营者必须从观念上强化市场竞争的意识，通过对内部资源有效整合不断提高自身的竞争力和市场化水平。只有积极正视竞争、勇敢参与竞争，国内报刊发行业才能够在竞争中取得优势地位。

第二，更新营销观念，推进分销渠道的机制创新，构建读者利益至上的分销模式。在传统的分销模式中，"报刊社—报刊代理商—终端零售商—读者"构成了报刊的销售流程，其中报刊社对终端零售商的管理是间接的，对报刊能够在多大程度上满足读者的需求的情况则不甚清楚，从而影响报刊社对报刊质量、价格和服务的控制和把握。而有效的报刊分销网络应该是以满足读者需求为前提，并以能妥善处理报刊与分销商的关系为特点的。因此，报刊营销的观念就从产品营销转向读者营销。而报刊的分销模式就相应地转变为"读者—终端零售商—报刊代理商—报刊社"的模式。这种转变的实际意义在于，一方面有利于报刊社加强对代理商、零售商等各个环节的管理和监控，以方便读者购买；另一方面有利于报刊社提高分销渠道的效率，降低分销成本。此外，报刊分销模式的转变还有利于报刊品牌形象的推广，更好地发挥渠道成员的协同作用。

第三，扩大市场零售，强化渠道管理。扩大市场零售是提高报刊市场占有率的有效途径，要在市场调查研究的基础上，对市场进行整体规划并确定合理的报刊投放量，同时根据零售摊点的变化及时对发行线路进行调整，切实提高报刊的实销率和品牌覆盖率。要加强对报刊发行渠道的监控力度，在规定双方的权利和义务的基础上，正确处理发行公司、邮局和报刊分销商的矛盾。要充分重视分销商的作用，认真听取他们的意见，鼓励他们参与决策，让他们感到自己是实现报刊品牌价值的重要一员，而不是单纯的报刊销售商。

第四，加快分销网络建设，提高报刊发行的产业化水平。报刊发行产业化是指"报业依托报刊发行所建立的发行网络，在经营范围上的综合化，在服务对象上的社会化，在投资来源上的多元化，以及以此为基础的组织形式和经济运作方式的相对独立化。"[1] 在新的开放条件下，进一步提高报刊发行的产业化

---

[1] 孙忠斌：《探索城市报纸发行》，《中国报业》2003 年第 2 期，第 56 – 59 页。

程度，是国内报刊分销业增强竞争力的关键。具体来说，就是全方位、多层次地开发和利用现有的发行网络资源，开展综合性经营和社会化服务，实现报刊社无形资产的保值、增值和发行网络效益的最大化。要在巩固和加强报刊连锁店和特许经营店报刊分销功能的基础上，进一步拓展服务领域，比如代理广告或订票业务，配合企业的电子商务开展物流配送业务，使报刊的分销渠道成为城市社区的资讯中心和物流配送中心。

第五，积极进行报刊发行投资体制的改革，多渠道吸纳社会资本，提高报刊发行业的集团化运作水平。分销市场开放大大拓展了报刊社的融资渠道，报刊发行要跳出原有的自办发行和邮政发行的经营模式，通过股份制改造等资本运作方式，组建跨媒体、跨地区的报刊联合发行公司，真正把国内报刊发行企业做大做强。

第六，重视报刊发行队伍的建设，不断增强报刊发行企业的发展后劲。重视发行人才资源的开发管理，充分认识到发行人才是连接企业和市场、报刊和读者的重要渠道，发行人才的素质直接影响报刊整体经营战略的有效实施。要根据报刊发行市场竞争的需求，及时调整人才结构，特别要在发行队伍中发现和培养一批懂管理、善经营的专家型人才。同时要注重现有人才的业务培训，提高他们对报业文化的认同感，通过激励人才的自主性和创造性，最终实现个人收益和企业效益的同步增长。

（原载于《当代传播》2005 年第 4 期）

组织观念的变革与报纸编采机制的创新

　　报纸生产是一个从办报理念的确立、报道的策划、稿件的采写、编辑到版面的处理、包装的过程，而科学合理的编采机制不仅有利于这一流程的高效运行，激发编采人员的创造性，对于提高报纸产品的质量，实现预期的市场效应均有直接的效果。本文借鉴组织管理理论中的系统观点和权变观点，重点对当前报纸采编机制创新目标以及发展趋势进行探讨，旨在对当前报纸编采机制改革的深化有所启示。

一、当前报纸编采管理实践的变化

　　近年来，随着报业竞争的日趋激烈，报纸经营者日益认识到强化编采管理，对于提高报纸产品质量和实现报纸经营效益的重要性。但是，由于长期以来的思维定式，报纸编采管理过程中普遍存在分工过细、层次过多、灵活性和机动性较差等问题，不仅影响到编采流程的高效运作，也不利于新闻报道的策划与创新。在编采管理机制的改革中，究竟是以编辑为主还是以记者为主？是以稿件为主还是以版面为主？是实行编采合一还是实行编采分离？对这些问题至今仍存在不少争议。实际上，任何变革首先要立足现实状况来寻求应对之策。从新闻内容生产和营销的角度来看，编采管理的新变化至少体现在以下几个方面：

　　第一，新闻操作理念的变化。在以往的新闻生产过程中，记者始终占有主导地位。新闻报道的效果，看重的是由谁来写，看谁写得好。记者的主要任务就是写稿，无须考虑版面效果和读者的反应，所以稿件在一定程度上决定着版面的内容和风格；就目前新闻生产的情况来看，编辑占有主导地位。编辑被赋予较大的责任和权力，可以直接分派记者，对报道进行组织策划。新闻报道的效果如何，关键在于编辑的选题策划是否符合市场的需求，以及编辑如何控制报道的节奏，版面编辑的整体意识影响着版面的传播效果。

　　第二，记者采写新闻方式的变化。过去对突发性和重大新闻事件的报道一般是由记者单独完成，强调记者在特殊情况下把握题材和采写新闻的单兵作战能力；而如今的记者只是新闻生产环节的一个部分，新闻的采写不仅依靠记者的快速反应能力，还需要记者之间的分工协作。除此以外，记者与编辑之间也要协同作战，以便更准确地理解编辑的意图和版面的整体要求。

第三，新闻报道重点的变化。过去的新闻报道大多是动态性报道和经验性的报道，强调对上负责，体现的是自上而下的指导性，新闻如何写得准确和专业是最重要的事情。如今随着报业市场化程度的提高，报纸的读者对象已经变成了普通百姓，如何让内容更符合读者的需要变成了首要任务。因此新闻报道除提供尽可能全面的动态信息外，更注重拓宽事件的关联度，挖掘事件的新闻价值，实现新闻信息的延伸和新闻价值的深化。

第四，报纸编辑流程的变化。以前编辑工作的重点是稿件修改和报纸付印前的校对，责任编辑的"责任"主要体现在核对新闻标题、重要文章和文件的提法是否准确，错别字是否控制在千分之一以内；可是现在编辑流程的重点已经前移到了选题会和稿件的一审。因为编辑更看重报纸的整体传播效果和版面的"卖相"，一篇文章出现一两个错别字还说得过去，但如果整篇文章、整个版面不是读者关心的，那么就可能意味着整篇文章都是"错别字"。

第五，报纸质量评价标准的变化。过去评价一家报纸新闻的质量，主要看能否抢到"独家新闻"，能否做到人无我有。但是由于电视和网络媒体的发展，信息来源渠道的多样化，追求独家新闻越来越难。而且报纸仅仅依靠几条"独家新闻"，很难对读者产生持久的影响力，也难以形成自身的比较优势。事实上，今天的读者更关心报纸内容的选题设计是否有新意，新闻策划能否保证足够的信息量，在具体报道的操作上是否成熟，能否在有限的版面内提供多种角度、多种题材的报道，来满足读者全方位的信息消费需求。

二、系统观与权变观对编采机制创新的启示

报纸编采实践的发展变化对编采管理机制的变革提出了新的要求。就目前的情况来看，编采管理的改革大多停留在对以往经验的梳理和总结上，未能把编采管理置于宏观的组织管理背景下去考虑，从而在一定程度上削弱了机制创新的实际效果。事实上，编采机制的创新不仅需要实践经验的推陈出新，更需要科学的理论提供方向性的指导。其中现代组织管理理论中的系统观念和权变

观念，对于编采机制的改革与创新具有重要的启示。

系统观点是从组织及其环境的相互作用中来看待组织运作的一种方法。首先组织是一个开放的社会技术系统，它从社会接受人力、材料、资金和信息形式的各种投入，经过资源的转换和效用的附加，又将这些投入转换为产品、服务和人员的满意度。其次，组织是一个有机的整体，可以分为内部系统和外部系统。内部系统主要是作为系统中枢的管理系统，其主要职能是制定目标、拟定全面的战略和经营计划、设计结构并建立控制程序。外部系统包括组织目标和价值系统（群体目标、个人目标以及与此相关的价值观）、技术系统（完成工作任务所需的知识和技术）、社会心理系统（建立在人际沟通基础上的"组织气氛"）、结构系统（组织工作任务分工和协作的方式方法）等五个方面。[①]组织所处的外在环境对内部管理系统的运作有着重要作用。对组织系统的充分认知，改变了以往对组织管理活动的封闭性和单一性的观点，有利于从整体性的角度来确定组织管理的原则。

权变观点是建立在系统观念之上的一种用以指导具体管理活动的方法。它所要研究的是组织与其环境之间的相互关系、各分系统内与各分系统之间的相互关系，以及确定关系模式即各变量的形态。[②] 权变观点力图了解组织在变化着的条件下和在特殊环境中运营的情况，其目的在于提出最适宜于具体情况的组织设计和管理行动。按照权变观点，组织应根据所处现实情况的差异采用不同类型的组织模式。比如，在环境相对稳定，经营目标比较明确、技术规范相对统一、生产活动以提高生产率为主、管理决策可以程序化的情况下，组织采用稳定——机械式的组织结构为宜；在环境相对不稳定，目标多变和多样化，技术比较复杂且更新速度比较快，生产活动中讲求创新、管理决策具有较大的灵活性的情况下，组织采用适应——有机式组织结构为宜。由此看出权变观点注重在管理活动中寻求组织与其社会环境之间以及各分系统之间的一致性，讲求组织与其环境以及内部组织设计之间的和谐，从而有利于提高组织管理的效能、效率和参与者的满足感。

组织管理中的系统观和权变观对当前报业编采机制的创新有着积极的现实

---

① ［美］卡斯特、罗森茨韦克著，李注流等译：《组织与管理——系统方法与权变方法》，北京：中国社会科学出版社 2000 年版，第 142 页。

② ［美］卡斯特、罗森茨韦克著，李注流等译：《组织与管理——系统方法与权变方法》，北京：中国社会科学出版社 2000 年版，第 144 页。

意义。首先，不能将编采管理孤立地看作是一种报业内部管理活动，而是要充分考虑报业组织的开放性及其所处社会环境的影响，正确看待编采管理系统与报纸其他管理系统的关系，并从整体性的原则出发来确定编采机制创新的目标。其次，编采机制的创新应根据报纸编采实践发展的需要，选择适当的设计和操作方案。而这种对组织架构的设计必须有利于记者与编辑之间的角色互动，有利于发挥记者和编辑的主动性和创造性，有利于提高报纸内容生产和产品营销的效率和效益。

报纸编采实践出现的变化和对现代组织管理理论的借鉴，直接影响编采管理目标的重新框定。相对于报纸的发行和广告经营，以往报纸编采管理的目标侧重于确保报纸生产流程的运作和报纸新闻价值的实现。但是在报纸市场化的竞争环境下，这种建立在报纸自我认同基础上的内部管理就遇到了多方面的挑战。就是说，报纸的编采管理不仅要做好编采组织系统的内部管理，还必须考虑外部系统的因素。即与其他竞争对手相比，编采管理机制的设计是否科学，报纸生产方式和营销方式是否具有自己的特色，报纸产品的质量是否满足读者的阅读兴趣和消费习惯。因此，市场竞争态势下报纸的编采管理就具有了双重意义上的目标——一方面以实现新闻效应为目标，另一方面以实现市场效应为目标。

实现报纸的新闻效应，讲求的是新闻内容生产的计划性和可操作性，注重从"质"和"量"两方面来提高新闻生产的效率。注重新闻的"质"，就是"在每一个新闻生产环节都要注入独家的或最具特点的要素，力争在最短的时间内求得与众不同的亮点或难以复制的效果"[1]。实际上，独家新闻的内涵并不仅限于新闻来源的唯一性，更体现在新闻报道角度和报道方式的独特性上。注重新闻的"量"，不仅仅是增加报纸版面的厚度，更要充分利用一切版面要素，尽可能扩大新闻信息的覆盖面。比如在同题新闻的报道中，通过消息、通讯、短评、图片、新闻图表、背景链接、专家点评等，把与新闻题材相关的内容"一网打尽"，使竞争对手在该题材上难有作为。要实现编采管理的这一目标，有赖于编采管理权变观的确立，即在编采机制的设计上要因时而动，着眼于提高编采流程的效率，着眼于发挥编采人员的创造性和积极性，使编辑的选题策

---

① 何宁：《激发活力　追求效率——北京青年报新闻编采机制的运行特点》，《新闻战线》2001 年第 5 期，第 12 – 14 页。

划体现超前性和可操作性，记者的采写体现针对性和及时性。

实现报纸的市场效应，讲求的是在市场竞争条件下，编采管理不仅要在新闻层面上注重质量和时效，而且要在市场层面实现新闻生产的效益。也就是说编采管理如何通过新闻内容的生产与报纸的发行和广告等环节实现有效的互动。新闻内容是报纸发行和广告经营的前提，没有好的内容产品，发行和广告很难有所作为。而发行广告的经营效果，又可以为编采管理的创新和新闻内容产品质量提供及时的市场信息反馈和巨大的物质支持。所以编采管理表面看来只是一种内部管理，与市场的反应无关，但实际上编采管理的功能已经延伸到报纸营销的各个环节。因此，编采管理中报道策划、新闻选题、版面设计和后期制作等方面都应该服从服务于报纸的整体形象和市场定位，不仅要在内容上吸引读者的注意力，具备必读性，而且在形式上也要讲求视觉冲击力，具备贴近性，从而为报纸的营销创造条件，实现其预期的经济效益。实现编采管理的这一目标，有赖于编采管理系统观的确立，就是要正确处理报纸生产管理与营销管理的关系，着眼于提高报纸经营的效益，使编采系统和营销系统形成一种相互依赖、相互促进的合力。

三、编采管理机制创新的趋势

确立科学合理的编采机制，不仅关系到办报的方向和风格，对新闻内容生产的总体思路和创新手段也有直接的影响。但报纸市场竞争环境的千变万化和读者需求的日新月异，决定了报纸编采机制的创新不可能是一劳永逸的呆板模式，而是一个与时俱进的动态过程。从当前编采管理实践的情况来看，编采机制创新的趋势总体表现为：在管理机制的设计上体现科学和效率；在具体编采活动中体现记者和编辑的互动与和谐；在编采管理目标上体现新闻效应和市场效应的统一。

第一，建立和完善面向市场、面向读者的编辑中心制，充分发挥编辑在编采管理流程中的核心作用。编辑中心制的内容包括：①在编辑部的架构设计上体现扁平化管理的特点，对原有的编辑部门按版面内容进行了重新整合，成立具有新闻采编双重功能的新闻中心。比如《南方日报》在编采机制的改革中将编采工作分由要闻编辑、时政、经济、文体和珠三角等五大中心负责，每个中心又下设若干工作室，每个工作室都有相对固定的记者和版面；②建立职责分明、富有层次的编辑系统。即总编辑—值班副总编辑—新闻中心主任—版面主编—版面责任编辑—记者。在这个系统中，每个层次的编辑都有其相应的职能。其中总编辑负责整个报纸编辑方针的制定；值班副总编和新闻中心主任负责编采流程的协调和报道计划的制订；版面主编和编辑则负责具体新闻报道的策划和版面的组织安排，成为确保新闻生产流程和新闻产品质量的关键人物。在此基础上，设立几种相对独立、不直接负责编辑版面的编辑，如评论编辑、摄影编辑、美术编辑以及专门负责修改文字、制作标题的专业性改稿编辑。

第二，根据编采实际需要，编采管理的方式随机而动，灵活使用。过去人们对"编采合一""编采分离"存在很大的争议，甚至以此作为编采管理方式的标准。实际上，"编采合一"和"编采分离"都属于操作层面，各有特点，各有利弊。不同的市场环境、不同的报纸、不同的编采机制设计，分有分的依据，合有合的理由。比如《南方日报》的编采机制，在四大中心实行的是"编采合一"，在中心内部则实行的是"编采分离"。是合是分的关键在于是否有利于内部资源的合理配置和新闻生产效率的提高。

第三，转变编辑部中心主任的职能，淡化其指挥功能，强化其协调功能。与过去部门主任拥有的判断新闻线索、安排记者采访、指挥具体报道、评判新闻作品等职能有所不同，中心主任的职责是掌控整个采编流程和整体报道计划的制订。中心主任在编采管理中要变微观的硬性管理为宏观的柔性管理，要有所为，有所不为。他关注的应该是通过协调与沟通，确保采编流程的顺利运作，而在操作层面要更多地依靠和发挥版面主编和全体编辑记者的作用。

第四，强化记者和版面编辑之间的沟通与合作，实现报纸内容生产的整体联动。目前制约报纸质量提高的一个很大的问题就是采编工作条块分割、编辑和记者各行其是，不是版面需要在指挥采访而是采访需要在指挥版面。这种状况造成记者的工作只是以稿件为中心，对于采访如何满足版面的策划需要、稿件如何让读者喜闻乐见考虑得比较少。而离开了记者的协作与支持，编辑的版面创意和报道策划就很难落到实处。特别是在突发事件和重大新闻的报道中，记者和编辑之间的整体联动已经越来越显示其重要性。要做到这一点，一方面责任编辑不仅要参与报道的策划和实际操作，对稿件和版面的质量负责，还要对读者负责，力争版面传播效果的最大化；另一方面记者要强化版面意识、读者意识、合作意识和创新意识。编辑要充分尊重记者在选题和报道方面的积极性，对创新型的记者、创新性的报道，版面要给予大力支持，使记者的才华有充分发挥的空间。

第五，加强编采部门和发行广告部门的信息交流与反馈，实现报纸新闻效应和市场效应的统一。过去，编采部门负责报纸的生产，经营部门负责报纸的营销，双方的工作职能在很多情况下是分离的。但是在报业竞争进入买方市场以后，报纸经营的目标发生了明显的变化，报纸既要发挥自身的优势，生产出具有特色的内容产品，还要满足读者的需要，获得广告客户的青睐。同时，由于发行和广告部门是最贴近读者和广告客户的环节，读者和客户的意见可以直接通过报纸的发行终端和广告部门反馈回来，是编采部门了解报纸市场情况的重要渠道和提高编采质量的重要依据。正是由于双方在工作上的协同性和经营目标的一致性，决定了编采管理既要重视效率也要重视效益。

第六，建立独立于编采部门的稿件和版面质量评估机构。过去在记者中心制下，部门主任既是新闻报道的设计者，又是版面的评判者；一方面要把好稿件关，确保新闻报道不出问题；另一方面又要追求报道的创新程度。但部门主任评判者的身份难免会带有某种主观喜好和偏向，无形中制约了记者的创造性。所以，对新闻报道的评价应该从报道前的评价转到报道后的评价，而评价的标准也不仅限于稿件新闻价值的评价，还包括其社会效果的评价，是评估机构针对稿件和版面的创新效果进行的总体评价，因而更具有客观性和科学性。

（原载于《新闻知识》2006 年第 5 期）

地市报改革模式的转换途径

在外部市场压力和内部动力的推动下，近年来地市党报逐渐摆脱被动应对的局面，以主动出击、锐意创新的姿态，在竞争激烈的报业区域市场赢得了发展空间，涌现出如《烟台日报》《宁波日报》《温州日报》《东莞日报》等一批创新媒体。地市党报勃发有着多方面因素，其中观念变革、形态创新以及人才效应是其贯彻始终的主线，其互动效果直接影响着地市党报竞争的机制、活力和效益。

一、观念变革：地市党报改革的动力源泉

多年来，省会城市党报和地市党报分属不同的区域市场，一直是各自为营、相安无事。但随着中心城市报业竞争的加剧，报业集团亟须拓展新的发展空间，而拥有开放的市场环境、明显的区位优势、相近的地域文化以及新兴读者群体的区域市场就成为报业必争之地，地市党报一城独大的利好优势逐渐逝去。那么地市党报的改革到底从何做起？答案是从变革办报观念着手。

首先，变革竞争观念，"向大报看齐"。地市党报要取得跨越性的发展，就必须"向大报看齐"，通过强化自身竞争意识，以超越对手的战略勇气谋划未来，在竞争中积极把握市场机遇，增强竞争优势。

其次，变革读者观念，贴近本土主流人群。必须以服务读者和满足读者日益增长的信息消费需求为前提。过去，地市党报读者定位相对模糊，在报业经营本土化方面做得不够，读者与广告客户认同度较低。所以，确立贴近本土主流人群的读者定位，做好具有本土特色的新闻产品，让读者感到地市党报有别于其他竞争对手的服务营销手段，是地市党报的必做工作。

再次，变革引导观念，提供智力支持和桥梁通道。地市党报正确引导舆论不是简单充当党委政府传声筒，而是要在联系党委、政府和人民群众中的实践过程中积极发挥桥梁纽带作用，为政府决策提供智力支持，为群众的意见提供

上传通道，为社会和谐提供沟通平台，更好地强化党和政府执政为民、以人为本的形象。

二、形态创新：地市党报改革的切入点

观念变革是地市党报改革的先导，其成果突出体现在地市党报形态的改变上。长期以来，地市党报总给读者一种刻板印象，版式以中央级党报为参照，领导讲话、会议报道占主导，经验性报道唱主角，这是对地市党报形态的认识误区。事实上，地市党报的形态应该与时俱进。

首先，创新报纸形态。在近年来省会城市党报大刀阔斧改版，并逐渐融入都市报特点的发展趋势下，"市场化的党报"显然更加适应地市党报目前求新求变的定位。有城市党报提出打造"党报的心、都市报的身"这一新型的报纸形态，即在办报方针和精神内核上和党委政府保持高度一致，在内容的打造、形式的包装上借鉴都市报的操作方式，打破传统机关报的刻板形象，以崭新的面貌拉近与广大读者的距离。

其次，创新版面形态。一是报型。读者对党报的认同，不在于报纸是"对开"或是"四开"，而在于能否方便阅读、能否带来视觉上的美感。一些地市党报主动为报纸"瘦身"，使其在外观上更大气、美观、俊朗。二是头版设计。头版是报纸的"月金面"，地市党报要走向市场，必须"从头做起"。如，《东莞日报》在新闻内容的选择上不以领导的活动为主，而是以民生为主。版面的安排采用大幅图片和醒目标题，以增强视觉冲击力。三是版面设置。报纸专刊是新闻内容集约化传播和分众化营销理念的综合体现，促进了报纸内部信息资源整合和专业性广告市场的开发，满足了不同读者和客户对信息选择和媒体使用的现实需求。

最后，创新报道形态。地市党报的形态创新，不是简单的改头换面，而是以新观念和新视角承载高质量的新内容，有几个方面要特别给予重视：一是会议报道关注问题。突破领导讲话和会议程序介绍的报道模式，在重视人的同时，强调事实新闻价值挖掘和政策解读。二是事件性报道讲求效果。事件性报道的价值不仅在于时效性，还在于通过关联事件寻求其社会内涵。尽管党报的优势不是社会新闻，但完全可以做出有社会影响力的新闻。三是政策性报道注重沟通。以往的政策性报道强调自上而下的宣传，忽视与群众的沟通，造成政策执

行的效果无从检验。党报不能满足于简单地发布政务信息，而要积极宣传政府决策的科学性以及政策出台的背景，积极反映群众的意见。四是突发性报道强调引导。党报一方面要按照新闻规律做好信息公开和疏导解释工作，另一方面要根据政府的相关要求把握好公开的时间和尺度，在化解危机方面发挥积极作用。

三、人才效应：地市党报提升竞争力的关键

观念变革与形态创新最终要靠人才的动力驱动，否则，办报意识再超前，报纸形态再新奇，在执行过程中也很难到位。一些省级党报改革新意迭出、活力四射，很大程度上取决于其选人、用人的激励机制和能产生职业成就感的良好土壤，形成了人才推动报社发展、报社促进人才成长的良性循环。相比之下，一些地市党报多年来报纸结构单一、人员的知识和年龄老化、人才使用上论资排辈，所以很难适应报业竞争的新环境。通过发挥人才效应来提升地市党报的竞争力至少要考虑以下几方面的因素。

首先，突破人才的结构性瓶颈。有活力的人才结构应该具备年龄层次保持梯队、专业与知识体现多样、能力与个性实现互补的特点。由于地市党报人才结构多年处于"超稳定"状态，人员缺乏流动，年轻人进不来。所以做好人才的存量和增量的调整，合理配置人才资源，是激发地市党报发展活力首要解决的问题。

其次，树立能力优先的用人机制。地市党报要跨越式发展，用人也要有跨越式思维。有地市党报提出"大材小用，基本没用；小材大用，发挥作用"的用人新观念，大胆引进和使用年轻有为的报业人才。这种用人观念不仅给报纸带来了新的经营理念和年轻、时尚的新鲜元素，也带来了报纸面貌的巨大变化。

最后，创造人才成才的环境。薪酬、福利等保障固然是留住人才的前提，但良好的发展空间可能比薪酬对人才更有价值。要给人做事的机会，给做事人充分的权力。建立起人才对报社产生认同感、归属感和成就感的机制，才能使地市党报的人才综合效应得到充分的发挥，并成为地市党报创新与发展的推动力。

（原载于《中国记者》2008 年第 10 期）

党报如何走市场之路

——以《南方日报》的改革实践为例

在报业市场结构中，党报历来具有重要的地位。但在同区域内平面媒体、门户网站和新媒体竞争的多重冲击下，部分党报的发行量和阅读率下滑，经营性收入递减，舆论引导功能弱化，使党报应有的市场地位受到严峻挑战。如何深化党报的改革，有效处理党报社会属性与经营属性的关系，进一步提高党报的社会影响力和市场竞争力，是党报在发展当中一个迫在眉睫的问题。自2002年以来，《南方日报》以改版扩版为契机，从办报理念、体制、机制以及管理模式创新等方面开启了"党报再造工程"，为党报走市场提供了有价值的经验。本文主要结合具体案例，就党报走市场需要注意的若干理论或实践问题，进行初步的探讨和分析。

一、党报市场的构成要素

党报走市场必须明确党报市场到底包括哪些构成要素，这有助于了解要素的基本特征，更好地发挥党报市场要素在市场竞争中的作用。具体来说，党报市场由市场主体、市场客体和市场运作机制等组成。

1. 市场主体

市场主体是指在市场上从事经济活动，享有权利和承担义务的个人或组织，主要包括投资者、经营者、劳动者以及消费者。市场主体参与经济活动都带有明确的目的，并以在满足社会需要中追求自身利益最大化为目标。就党报市场来说，市场主体由生产经营单位、人力资源、读者、经销商、广告客户和广告商组成。其中生产经营单位是党报适应市场需求的供应主体，党报的定位、党报所提供的内容产品和服务能否满足市场的需求，直接关系到党报的社会效益和市场价值的实现；人力资源是党报最重要的资本，也是最具能动性的生产力；读者是报业市场存在和发展的现实根源，没有读者需求的满足就没有市场空间的扩大；经销商和广告客户是报纸市场价值的实现条件，没有经销商的利益和广告客户的价值提升，报纸的盈利能力就很难提高，也就不会有党报的可持续发展。

鉴于党报是党和政府的耳目喉舌的政治属性，在涉及党报走市场的问题上，必须明确经营管理主体和市场主体的关系。在中国的党报体系中，党报的主管部门是党报运行的指挥中心和决策主体，主导和支配着党报社会资源的配置；而作为市场主体的党报则处于次要地位甚至是被支配地位，承担着执行党和政府的宣传政策的职能，自主权的缺乏是党报在办报经营方面存在的突出问题。党报走市场，就是在经营活动中，确立党报的市场主体地位，使其在自身决策和资源配置方面发挥主导作用，并按照市场经济的规律参与市场竞争。以市场主体为本位并不是弱化党和政府的领导，相反可以最大限度地激活党报现有体制和机制的内在活力和创新能力，不断提高党报的经营水平和舆论引导能力。

2. 市场客体

市场客体是指用于市场交换的指向物，主要包括用于交换的产品和服务。市场客体一般具有这样的特性，产品或服务具有不同的使用价值并能分别满足交换双方的需要，这些产品或服务不仅会产生不同的效用，也会有价值量的差别。就党报市场而言，市场客体由物质产品、服务和生产要素等构成。其中物质产品主要包括产品形态的内容、广告以及纸张、油墨、设备等生产材料，其中内容和广告是核心产品，内容质量和广告创意是衡量物质产品价值的主要标准；服务主要包括生活服务、生产服务、流通服务和社会服务等方面，涵盖报纸的生产、营销和服务等各个环节，是衡量市场主体作用于市场客体能力和水平的参照；生产要素主要包括人力资源、资本、技术、信息、产权等，生产要素是否合理配置和有效使用，直接影响市场客体价值能否顺利实现。

3. 市场机制

市场机制是市场运行的实现机制，主要由价格机制、供求机制、竞争机制和风险机制等要素构成。市场机制的形成是上述要素相互作用的结果。

具体来说，价格机制是通过市场价格信息来反映供求关系，并通过价格来调节生产和流通，从而达到资源的合理配置，对市场竞争起促进作用。党报的价格机制主要是通过报纸定价和广告定价来体现供求关系，在目前同行业平均定价的背景下，扩版和改版是党报协调供求关系、参与报业竞争的常见手段。

供求机制是通过价格、市场供给量和需求量等市场信号来调节生产和需求，最终实现市场的供求平衡。在当前情况下，广告定价、报纸发行量和读者拥有量是反映党报市场供求关系的主要内容。供求机制在竞争性市场和垄断性市场中发挥作用的方式有很大的不同。

竞争机制是指在市场经济中，各个经济行为主体之间为实现自身经营目标而相互展开竞争，由此形成经济内部的相互联系和影响。党报的市场竞争机制主要通过价格竞争或非价格竞争来调节市场的运行。通过内容和营销创新来增强党报的比较优势，是党报参与市场竞争的主要手段，不仅有利于激发报纸的活力，而且可以使读者和广告客户获得更大的实惠。

此外，风险机制是市场活动同企业盈利、亏损和破产之间相互联系和作用的机制。由于党报产权不太清晰，党报市场尚未形成优胜劣汰的退出机制，所以风险机制对党报发展的影响较小。从一定意义上讲，市场风险机制的缺乏，也成为制约党报市场化水平的重要因素。

二、党报走市场的现实目标

党报走市场，既要了解党报市场的构成要素，同时也要明确党报走市场的现实目标。目标不明，想法和办法再多，也很难落到实处、发挥实效。党报的市场目标主要是指市场化竞争条件下党报所要实现的社会效应。具体来说包括政治效应、新闻效应、市场效应等方面。

1. 政治效应

实现党报的政治效应，就是强化党报舆论引导能力和传播能力，在掌握话语权、赢得主动权等方面发挥党报的核心作用。那么，如何才能更好地实现党报的政治效应？有一种观点认为，党报是党和政府最重要的舆论阵地，把握正确的舆论导向是对党报工作的方向性、根本性要求，而党报走市场是党报从属性的要求。事实上，从党报的功能属性上来讲，党报既有"党"的政治属性，同时也有"报"的媒体属性。坚持正确的舆论导向和按照新闻规律、市场规律办报应该是协调一致、并行不悖的。党报走市场，就是要在坚持党报政治属性的前提下，从贴近实际、贴近生活、贴近群众、贴近市场的角度来引导舆论。舆论引导的效果如何，仅有政治上的评价是不够的，必须包括舆论引导的反馈——市场评价。党报正确引导舆论的作用只有符合公众需求的价值标准，并被市场广泛接受和认同，才能产生实际的预期效果。

2. 新闻效应

实现党报的新闻效应，就是要强化党报的公信力和影响力。党报的新闻效应主要体现在提高党报内容产品的"质""量"和"度"。注重新闻的"质"，就是要发挥党报在新闻资源方面的优势，在新闻内容生产的每个环节都注入最具特点的要素，从而形成与同区域的其他报纸相区别的比较优势。注重新闻的"量"，不仅仅是通过改版、扩版增加版面的厚度，而且还要通过充分发挥党报人力资源的优势，利用相关版面要素，在新闻内容的广度和深度上做文章，不断拓展和深化报道的新闻价值。注重新闻的"度"，就是要强化党报现有资源和新媒体的结合度，一次性生产，多平台发布，实现以网促报、以报带网。党报的新闻传播效应最终要靠市场做出评价和判断，党报的权威性、公信力只有通过党报的市场影响力才能得到更好的体现。

3. 市场效应

实现党报的市场效应，就是要强化党报的经营管理能力，实现经济效益的最大化。在市场竞争条件下，党报不仅要在舆论引导上体现权威性和公信力，在新闻内容的生产上注重质量、与时俱进，在新闻的发布平台寻求多媒体的融合，还要在经营管理层面上实现新闻内容的生产与报纸营销环节的互动。新闻内容是报纸发行和广告经营的前提，没有好的内容产品，发行和广告很难有所作为。而发行广告的经营效果，又可以为新闻内容质量提供及时的市场反馈和物质支持。内容生产表面看来只是一种内部管理，与市场的反应无关，但实际上内容生产的功能已经延伸到报纸营销的各个环节。因此，新闻报道的策划、新闻的选题、版面的设计和后期制作等方面都应该服从和服务于报纸的整体形象与市场定位，不仅要在内容上吸引读者的注意力，具备必读性，而且在形式上也要讲求视觉冲击力，具备贴近性，从而为报纸的营销创造条件。

三、党报走市场的基本路径

党报走市场是一个系统工程，需要明确党报的市场主体、市场客体的角色定位，也要在充分考虑党报的内部环境和外部环境的基础上，建立与媒体市场竞争相适应的运作机制。同时在明确党报走市场的现实目标的前提下，通过积极参与市场竞争，把党报的资源比较优势转化为竞争优势。立足报业市场营销策略的视角，结合近年来《南方日报》走市场的实践，就党报走市场提出以下几点建议：

1. 党报走市场要选准自己的根据地

按照市场营销理论，选准根据地就是确立自己的细分市场。很长时间以来，党报在细分市场当中习惯于把自己和都市报、专业报或行业报区别开来，这种看似合理的市场细分对于党报参与市场竞争并没有实质性的意义。原因有三：其一，根据报纸的品种和系列分类，很大程度上是管理部门为了便于归口管理和统计，对党报本身的经营价值不大，而且读者对这种分类也不太关注；其二，报纸竞争使报纸之间日趋同质化，都市报主流化、专业报综合化、党报都市报化已是普遍存在的现状，很难根据报纸的报道内容划分市场区隔；其三，报纸读者构成和消费需求日益复杂化和多样化，使得按照读者的职业、年龄、性别、兴趣爱好来细分市场也不尽科学。因为读者本身也在发生变化，比如关注时政新闻的党报读者群可能也是都市报媒体的消费群，而都市报类媒体的读者群也可能由于政治参与意识和诉求的强化而成为党报新的消费群。所以，党报细分市场应该着眼于读者现实的需求倾向，在巩固已有市场份额的基础上，积极去拓展新的市场空间。哪里有读者需求，哪里就是党报生存和发展的根据地。

从党报的读者接触和认同来看，读者阅读党报主要看重党报核心价值观、主流的观点、权威的信息和高端的社会影响力。所以党报的细分市场应该是结合自身产品的特点，根据读者和广告客户的多元性和差异化的需求、动机和购买行为来对市场进行细分。《南方日报》早在 2002 年的第一次改版中，就根据细分市场的需求，提出"高度决定影响力"的办报理念，强调理性阐释、权威解读、专业描述，以及对海量信息的深度整合，以独到的思考、独特的视角、独树一帜的见解解读政策，观察社会、关注民生，着力经营有高度、有深度、有影响力的主流新闻。《南方日报》以满足读者对"高端"信息内容的需求的市场细分，相比按照报纸的类型进行的市场细分更具合理性和实用性。

2. 要明确党报走市场的同盟军

党报市场细分的过程，也是寻找目标消费者的过程。如果说市场细分是选择根据地，那么寻找目标消费者就是要建立党报忠实的读者群。学界曾有一种观点认为，党报姓"党"，现有的 7 600 多万党员理论上都应该是党报潜在的目标消费者。但现实的情况是，全国党报的总发行量与党员总数相比根本不成比例。实际上，谁有可能成为党报忠实的读者，关键不是看你是不是党员，而是要看党报在时代变革中能否敏锐地把握读者的需求动向，并在多大程度上满足了这些读者的新需求。

改革开放三十多年来，作为市场主体的读者群体已不满足于对信息的被动接受，而是越来越体现出通过传媒参与社会行动和寻求自身价值的自主性，或者对新闻报道所涉及的社会政治生活、经济文化等公众事务进行讨论和评判，或者借助新闻传媒直接对所关注的问题发表看法。读者群体这种参与意识的普遍觉醒给新形势下党报的舆论引导工作提出了新的挑战，也为党报建立同盟军提供了新的机遇。如何满足读者群体关注国家大事、参与社会变革的新的需求，成为党报巩固市场份额、拓展市场空间的重要突破口。根据读者需求的这种变化趋势，《南方日报》确立了为行政人员、管理人员、商务人员、专业人士和知识分子等高端读者服务，在内容上走"大时政、大经济、大文化"的办报思路，着力打造新的市场"卖点"。如在 2008 年《南方日报》推出"时政新闻眼"，用新闻的手段做好宣传，着力提高时政新闻报道的品质，在时政新闻报道的增量上下功夫。通过对时政新闻进行还原与解读，为读者理解中央和省委的重大决策起到了很好的释疑解惑作用，有效地发挥了党报在社会各个层面的影响力。

3. 要以具有特色的产品和服务占领市场

近年来，党报市场早已由卖方市场转向买方市场，传媒市场的细分化和读者市场需求的多样化，使得任何一家媒体、任何一家报纸都不可能包打天下。而党报也不可能真正"走进千家万户"，满足所有读者的所有需要。党报要真正走向市场，必须明确自身的定位，在产品和服务等方面形成差异化的特色。在产品特色上，主要是追求新闻报道理念和报道方式的独特性。新闻内容本身没有高雅低俗之分，关键是新闻处理的手法要体现出党报自身的特色。如《南方日报》坚守党报在权威性和公信力方面的优势，连续五年推出《珠三角竞争力年度报告》。2010 年 1 月，该年度的竞争力报告将首次推出 2009 年度珠三角竞争力排行榜，通过读者调查、专家团和媒体团评议的形式，综合评出在双转移、保增长、体制创新、一体化和保民生五大方面表现卓越的前三名城市，并以此为线索全面梳理珠三角科学发展、先行先试的实践路径，系统总结珠三角为中国探索科学发展之路的经验模式。此外强化深度报道，推出"深读"板块，对群众关注的热点问题和重大新闻事件进行深入报道解读，其中多篇报道得到省委领导的肯定，在社会上产生了广泛的影响。通过这些内容的精心打造，在读者当中形成了重大事件看《南方日报》、政策解读看《南方日报》、权威报道看《南方日报》的阅读习惯。

在内容生产方式适应市场需求的同时，《南方日报》在提高服务能力和水平上也积极探索多样化的市场化运作手段。如在报纸发行上强调"存量靠行政，增量靠市场"，并注重依靠经销商和零售商拓展目标市场。2005 年 7 月，《南方日报》广邀合作商家，通过整合南方报业的品牌、读者及网络资源优势和商家的销售渠道优势，在广州中心城区各主干道、成熟社区广建文化驿站网点，为读者提供专业、便利和舒适的书报刊购买和阅读服务，目标市场的覆盖率大大提高；在广告经营上，摒弃低端广告，吸引高端广告客户，使新闻信息传播的高层次与广告信息的高端化相辅相成。

4. 要建立开放而有序的党报市场机制

党报走市场的核心，在于运用市场机制有效地配置资源。《南方日报》始于 2002 年的七次改版，不仅仅是报相和版式的改变，而且包含了采编机制的完善、管理模式的改变和优化等举措。党报走市场，需要及时把握读者的需求动向，为此《南方日报》建立了读者意见反馈机制，通过常规化的读者市场调查，及时了解读者的最新需求；党报走市场，需要对采编和发行广告运营的效率和效益进行评估，为此南方日报建立了评估机制，对重大的采编活动和经营项目的政治效益、社会效益、经济效益和品牌效益进行评估；党报走市场，需要调动采编和经营管理人员的积极性，为此《南方日报》探索出了一套"以质取胜、兼顾数量"的绩效考核办法，进一步提高了报业人才的使用度和发挥度。

《南方日报》的实践证明，党报走市场是一个形成办报特色和满足市场需求相结合的过程。在这一过程中，必须着眼于党报市场主体价值的实现，着眼于党报市场客体潜能的发挥，着眼于党报市场机制的完善，最终目的在于更好地实现党报的政治效应、新闻效应和市场效应，提高党报的政治影响力和市场影响力。

（原载于《新闻研究导刊》2010 年第 1 期）

报业视频新闻的渠道整合与价值延伸

实施全媒体战略既是报业主动寻求数字化转型的内在主张，也是报业基于新媒体传播技术挑战的对未来业务走向的现实判断。在报业全媒体转型中，视频技术的应用和视频信息资源的开发成为全媒体内容生产的先行试点，成为报纸从平面走向立体的突破口和现有传播形态的有效补充。但就国内报业视频新闻的发展现状来看，视频新闻发布渠道的整合问题亟待解决，视频新闻增值的路径有待探索，这已成为推进报业全媒体战略亟待打通的关节点。

一、国内报业视频新闻的发展现状

国内报业视频新闻的发展大概可以分为以下几个阶段：

第一阶段，开展并且提升视频新闻报道的阶段。2004 年年底开始，少数报业集团借鉴商业视频网站经验，开始在其旗下网站开展视频业务，但内容大多来源于商业网站的作品或电视新闻画面，极少自己原创的视频新闻产品。2007年，一些报业记者尝试通过手机等随身设备拍摄视频片段，视频新闻开始由报业专业记者采集。如《南方都市报》视觉中心首次设置了视频记者岗，鼓励记者采访音频、视频新闻，并发布在奥一网和南都网。随后，《新京报》和《京华时报》等媒体也积极推进报纸网站新闻视频报道，并逐步建立自己的专业记者队伍。

第二阶段，搭建专业视频传播平台的阶段。2009 年年初，宁波日报报业集团依托专业视频记者队伍，率先组建全国首个全媒体新闻部，以全媒体数字技术平台为依托，以视频多媒体为主要报道方式，标志着国内报业视频专业化建设进入新阶段。之后，国内多家报业集团以实施全媒体转型为重点的战略举措，进一步加速了视频新闻平台建设的步伐。视频报道形态不断丰富和题材不断扩展，从而形成了目前包括在线访谈、网友上传视频、记者摄制视频新闻、直播节目、利用电视台或视频分享网站等在内的多种形态的视频新闻。

第三阶段，进行跨媒体合作，通过内容资源互换来获取视频新闻的内容和传播渠道。2009 年 2 月，大庆日报报业集团与分众视频媒体合作，共同推出"报业高端联播网"，将《大庆日报》《大庆晚报》平面二维的新闻资讯转变成立体三维的视频方式进行刊播。2009 年，浙江日报报业集团与央视财经频道签署战略合作协议，将触角延伸至电视；组建新公司发展户外媒体，专门经营户外大屏幕 LED。

二、报业视频新闻发展中存在的问题

作为报业集团实施全媒体战略的重要领域，其视频新闻尽管有着丰富的渠道资源和良好的发展前景，但从目前的经营情况来看，报业视频新闻业务的发展尚存在以下几方面的问题：

（1）内容生产的原创性、专业性不足，规模效应未能有效发挥出来。报业视频新闻由于专业的视频采编力量有限，其内容生产不能满足大信息量和快速更新的网站特征。所以目前大部分内容主要依赖于电视台和专业视频网站提供，原创新闻的数量只占播出新闻的少数。视频新闻制作的专业化程度也有待提高，其规模效应在视频新闻发展的初级阶段很难有所体现。

（2）内容播出平台不够丰富，受到自身行业的局限。报业视频新闻目前的播出渠道主要是报纸自办网站，只有少数非常精彩的视频新闻才会被人气较高的门户网站或视频垂直网站转载。由于播出平台较为单一，报业视频新闻的点击率和影响力有限。

（3）盈利模式不成熟，实际成为报社增值业务的并不多。从西方传媒业对视频新闻的探索来看，目前尚未出现非常有效的盈利模式。业界普遍看好视频内嵌广告的潜力，认为有影响力的视频可以吸引广告商，从而形成报社的增值业务。但目前国内的广告主在互联网上的广告投放主要是以新闻和资讯类网站为主，对于报业视频新闻网站的认受度还较低。

（4）目标用户群模糊，缺乏有效的精准传播。网络传播的特性决定了不同的用户构成对网络视频传播内容的兴趣大相径庭。所以任何一家媒体的视频新闻都不可能同时满足所有受众的需求。目前报业视频新闻的内容生产基本是大而全的综合性新闻，分众化的内容生产和营销传播还不到位。

三、报业视频新闻的渠道整合与价值延伸

1. 有效整合和拓宽报业视频新闻的营销渠道

（1）寻求与国内专业视频网站合作的可能性。报业视频新闻与专业视频网站相比，其优势在于内容的原创性和品牌的公信力，但劣势是用户黏度不强。报业视频可以借助优酷网、土豆网、酷6网等人气较高的专业视频网站的渠道优势，依托传统媒体的内容资源优势，形成具有自身特色的视频新闻产品。

（2）探索与手机媒体无缝对接的可行性，提供产品增值服务。报业视频媒体可以与手机服务商合作，提供用户在线收看与下载视频新闻，将视频新闻作为手机报的内容整合，以优质的新闻内容吸引用户选择浏览或订阅。2009年，国内首家基于3G无线网络的视频新闻平台——《京华播报》IVVR业务正式上线试播，为手机与视频新闻的无缝对接提供了参照。

（3）尝试与电视媒体实现优势互补的可操作性。报业视频拥有实时性、交互性和聚合性的新媒体特征，利用电视媒体的专业制作团队、先进设备和广泛的网络覆盖面，可以通过内容产品的交换与渠道平台的搭建，拓展自身品牌影响力和知名度，最终实现共赢。2007年8月，大河网与河南电视台合作，将河南电视台"河南新闻联播"等七档品牌栏目精选上网。

（4）拓展户外媒体终端，实现报业视频新闻内容的延伸覆盖。宁波日报报业集团的视频新闻信息第一时间发布在宁波100个社区户外电子显示屏上，也通过报纸二维码到达读者手机上，实现一次采集多级多次传播。2009年年初，《南方都市报》"南都LED珠三角联播网"投入运营，有效拓展了报业视频的户外影响和广告业务领域。

2. 实现报业视频新闻的价值延伸方略

报业全媒体转型不仅是内容生产方式的转型，也意味着盈利模式的转型，后者对于寻求传统报业版面之外的新的增值空间尤为迫切。作为报业转型的试验田，其视频新闻经营的重点就是要把报业的品牌价值转化为经济价值，在视频嵌入广告、分类广告及用户生产内容、降低成本等方面进行有益探索。根据西方报业视频媒体的一些做法和经验，现提出三点思路：

（1）视频嵌入广告。根据美国"网络市场公司"的调查数据，2007年美国在线视频广告额为15亿美元，占网络广告总额约9%。最为卖钱的在线视频广

告是出现在正式视频内容片头的那几秒钟的广告。美国新闻学者罗宾·米勒分析认为，视频新闻一般都是以秒计时，长新闻也不超过一分钟；视频新闻更多把镜头对准普通人，受到"草根"读者的偏爱。米勒认为，新闻前后的广告长度不能超过视频总长度的15%，否则会造成新闻"首因效应"失效。

（2）视频分类广告。视频的分类广告可用在吸引广泛的广告客户，将相关的视频信息与分类广告整合起来，加入消费者自身的直观式体验，同时向广告客户提供视频以及视频编辑、视频主持一体化的一站式解决方法。实现这一模式的最好渠道是户外 LED 屏幕广告，报业集团可以为广告商量身定做视频分类广告内容，最终实现以有限的投入获取较高的收益回报。

（3）用户生产内容的新模式。在美国报纸网站中，大部分视频新闻都是由报纸记者采集和制作的，或直接采用通讯社的视频新闻，同质化的做法并没有让所有报纸取得理想的市场效应。地方报纸《圣地亚哥联合论坛报》开辟"用户生产内容"这一传播新模式，为读者上传视频提供网络互动平台。《今日美国》执行编辑金赛·威尔逊认为，报纸与读者的互动是必然趋势，报纸可以在特殊的新闻事件中，比如突发性事件、重大体育赛事的开幕式等，允许读者上传新闻参与互动。这一技术可以降低报业视频媒体的生产成本，只需专业的编辑担任把关人的角色，发动用户来提供产品内容。这一模式为报业寻求生机提供了新机遇，为陷入困境的报业带来新的盈利空间。

除此以外，视频新闻内容版权的直接售卖在目前市场可行度不高，因为免费的网络视频内容依旧持有强劲的竞争力。而诸如 SNS 网络的病毒式营销，微视频的产生也都为报业视频新闻进行价值延伸做出了力所能及的贡献。全媒体转型是报业发展的必然之路，报纸如何依靠视频新闻来争夺网络受众注意力，发掘新的增长点，需要大胆创新与探索性实践，最终才能找出适合自身的发展之道。

（原载于《传媒观察》2011 年第 4 期）

后　记

……

　　本书付梓之前，即将迎来令人期盼的 2020 年。在我的从教生涯中，这个新年对我有着深切而厚重的意义，20 年前我从暨南大学新闻系研究生毕业留校，正式走上教学科研工作岗位；过去的 20 年，也是中国报业发展步入快车道、历经全盛期、遭遇转折点、面临新机遇、迎接新挑战的 20 年。

　　作为见证者，我有幸在广州——这个中国报业改革的前沿，目睹并参与这一变革的过程。2000 年，第一次在《岭南新闻探索》上发表报业经营管理的论文《观念嬗变中的广东报业实践》；2001 年，第一次主持广州报摊的首次调查；2003 年，第一次参与《南方日报》首次改版的读者调查；2005 年，探索《新京报》创刊对报业集团跨区域扩张的启示，研究中国加入世界贸易组织对分销市场开放与报刊发行经营的影响；2008 年，在《南方周末》举行的"汶川大地震"新闻报道创新座谈会上，提出媒体的"国家整合功能"的观点……

　　在这 20 年当中，基于广州报业良好的竞争环境和创新氛围，我历经了很多事，认识了不少人，一方面报业的变革创新成为我学术研究的重要内容，另一方面与广东新闻媒体人在经营管理方面的频繁交流互动，也加深了我对广东报业经营管理创新机制的了解。

　　每一次报纸的改革，我都希望从中探寻其背后的社会动因；每一次报业的创新，我都期盼对其进行问题的探究和学术的归纳。遗憾的是，由于自己学术上的懈怠，对报业的研究一直是比较零散，没有一本研究报业经营管理的专著问世，未能在广州报业发展的黄金时代留下值得留存的学术记忆。2019 年 9 月，适逢暨南大学出版社编辑出版"暨南文库"，给了我把以前的论文结集出版的机会，于是有了这本《变革与创新——中国报业转型的市场逻辑》。

　　从事报业经营管理研究以来，我取得了一点微不足道的成果。首先要感谢学院为我的观察和研究报业发展提供了良好的平台与机会。还要感谢我的研究

后 记

• • • • • •

生导师吴文虎教授，感谢我的博士生导师、学院院长范以锦教授，感谢南方报业传媒集团前社长、传播与国家治理研究院院长杨兴锋教授，前辈对我的提携、引导是我多年来保持对这个领域研究兴趣的重要动力；感谢林如鹏教授、支庭荣教授，作为经营管理研究教学团队的后来者，能够成为团队一员并取得诸多荣誉深感荣幸；感谢羊城晚报报业集团刘海陵社长、南方报业传媒集团曹轲副总编辑、南方报业传媒集团首位博士后郭全中教授，感谢几位业界同道在研究思路上给予我无私的支持和帮助。

本书选录的论文，总体上体现了我对 20 年来中国报业变革创新的认识和思考，大部分是我执笔撰写，少部分由我提出写作思路，再由我的研究生协力完成，体现了师生相互切磋、学问共进的研究过程，在此对他们的贡献表示感谢！

张晋升

2019 年 12 月

于暨南园

暨南文库·新闻传播学
第一辑书目